JN094120

アショカランド夢のつづき

心の超人・藤大慶の想いを伝える

松尾正隆 著

あうん社

藤大慶さんと二人

カラオケで熱唱　2007.6.12

学園祭を終えて　2005.9.16

ネパール・お釈迦様の生誕地（ルンビニ公園）　2007.3.4

起工式·建設工事着工

▲第２回目の公募型一般指名競争入札開催。指名業者 11 社が応札の結果㈱ディー・エー・シーが落札　2002.9.17

▲「るんびに学園」建設・起工式を挙行　2002.9.26

◀建設現場をバックに
笑顔の藤理事長
2002.12.28

▶「るんびに学園」建設
上棟祭を挙行
2003.1.22

▼開園した「るんびに学園」
の全景

るんびに学園完成

ＮＰＯ法人の活動

▶ＮＰＯ法人るんびにの松尾常務理事が「情緒障害児支援事業～いのちはきっと輝く！」をテーマにプレゼンテーションを行った
2004.2.26

▲堂々と演奏する親子ふれあい太鼓教室の親子たち　2008.2.17

▲親子ふれあい太鼓教室で太鼓の張り替え体験　2013.7.20

親子つどいの広場

▲広場講習会でお話する藤理事長

年間を通じてのイベント開催

親子ふれあい太鼓教室、レッスンを通じて挨拶の基本を学ぶ子ども達～茨木市・西河原コミセン 2008.3.14

▲親子ふれあい太鼓教室、レッスンを通じて親子のコミュニケーションの円滑化を学ぶ～茨木市・西河原コミセン　2012.3.24

子ども・親子太鼓教室

▲子ども太鼓教室のお楽しみバーベキュー会～ナムのひろば文化会館 2016.11.29

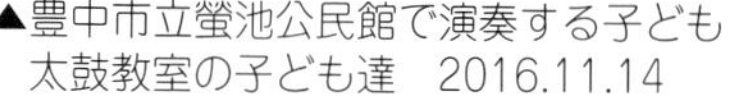

▲豊中市立蛍池公民館で演奏する子ども太鼓教室の子ども達　2016.11.14

▲子ども太鼓教室のお楽しみクリスマス会
中央のサンタは末本理事長
～ナムのひろば文化会館　2016.12.23

デンマーク牧場視察

ご案内下さった、松田理事長夫人
2019.12.10

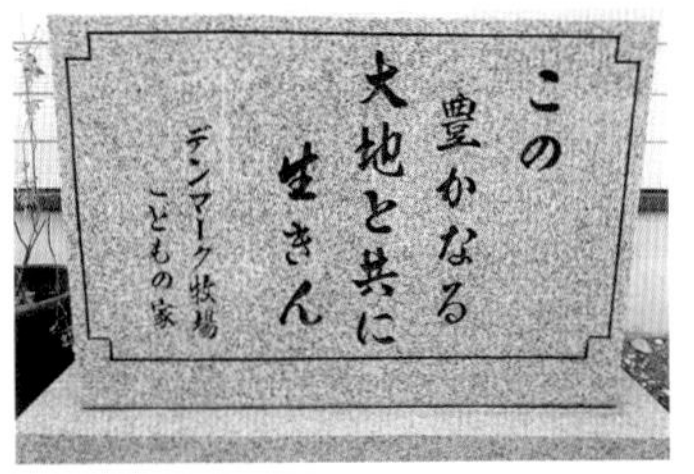

アショカランド夢のつづき

――心の超人・藤大慶の想いを伝える

はじめに

私の第二の人生は、素晴らしい僧侶・藤大慶師（浄土真宗本願寺派西福寺住職・当時）に出会ったことで始まったのである。師は「生きていく力の弱い子ども達を何とか助けてあげたい」と、願っておられた。当時、不登校児の中高生が増大していた。その子らが家庭内暴力、シンナー遊びなど、情緒不安定な子ども達への大人の対応が危惧されていた時代であった。何とかして「子ども達のよみがえりの村」を創りたい。とのお話を伺って〝夢実現〟のお手伝いをしましょう！と参画したのが今から二十八年前の事であった。

私は、それから本業の傍ら社会貢献の一環として、「るんびに苑グループ」の事務局運営に携わった。そして、「るんびに学園」の長期（二十年償還）借入金の完済を機に、三つの後援会組織（全国後援会・京都後援会・参与会）とNPO法人「ナムのひろば」を二〇二二年（令和四年）三月末でもって解散、その処理手続きが七月末に完了し、すべての事務局長を退任させてもらった。そして、最後に社会福祉法人るんびに苑の理事（二十年間）を同年七月末で辞任して、やっと肩の荷を下ろすことができた。

顧みると、資金のない藤大慶師が〝桃太郎〟の、私が〝犬・猿・雉〟の役割を演じて、京都府を窓口に法人認可の手続き、補助事業団体との補助金折衝、建設資金の工面に奔走して、また、借財をして四億五千万円の総事業費（約四十％は募財資金）を投じて今の施設が完成した。爾来、二十年間、職員・教員の並々ならぬ努力によって、虐待や発達障害で苦しんでいた子ども達（小中学生）が本来の輝きを取り戻している。全国四十八ヶ所の施設の中でも高い評価を頂き、平成二十九年（２０１７）には、天皇陛下より『御下賜金』（金一封）を賜った。

藤さんと私は、学園開園二十周年（２０２３）を迎えるまでに施設の拡充と周辺の環境整備を図るために「第二期施設整備事業計画」を立て、三つの後援会の会長も参画した「施設整備実行委員会」を結成して事業計画の予算化を図った。何と総事業費が八億一千五百万円である。施設建設には公的補助金をつけてもらうために、自己資金が三億三千二百万円は必要。積立金を差し引いて二億七千万円の募財をしなければならなかった。資金集めに奔走するのは藤さんと私だけであった。三年経っても二千万円の協力金であった。

そこで、施設建設を諦めて、既存施設の補充と周辺の環境整備を図ることにして、谷間（深部で十三㍍）の埋め戻しの土木工事費三千万円で、子ども達が安心して遊べる広場の設置計画を立てた。そして、本事業計画案を藤理事長から理事会に諮った。ところが一人の理事から「谷間に金を使って埋めるなんて、ドブに金を捨てるようなもの、断固反対する」との反論に他の理事も同調する始末に、藤さんは決心されたのであった。それは、即刻「理事長を辞任させてもらう」という決断であった。二〇二二年の夏以降の出来事であった。

理事長としての任期の途中での辞任は責任放棄になるので、年度末（三月）で後任にバトンタッチすることで事なきを得たのであった。

藤さんの兼ねてからの「青少年のよみがえりの村」づくりの夢は、対象の子ども達が立派に自立できるよう、その施設と複合的な施設（牧場など）を作ることが念願する夢であった。

私も、その夢実現には賛同しての行動であったので、理事長退任後、各後援会の閉会処理手続きを終えてから、『はなふじ総合ランド』の基本構想書を策定した。そして、藤さんの《皆が支え合って生きる村「アショカランド」の夢》実現に向けた活動に嵌まったのである。

この年に藤さんは自分史を書き始めておられ、『恥ずかしながら　愚か者の足跡』を出版して届けてもらった。第二弾は『忘れ得ぬ皆様～如来様の引導』を執筆中と言う。私は、折角だから「世に問う本にしませんか。活動資金協賛を求める手だてにもなりますから、私の知人に著述家がいますので相談してみますけど……」と。自著出版は過去にもあって、何某（なにがし）かのお金を払って進めておられたがとん挫したことを知っていたので、それは相手が悪い、私は確かな人を紹介するので…と、有限会社あうん社の平野智照さんを引き合わせた。お陰でご縁ができて著書『みんな真っすぐ伸びたがっている～皆が支え合って生きる村「アショカランド」の実現に向けて～』が、二〇二二年（令和四）の秋に刊行出来たのである。

藤さんは、二〇二三年（令和五）六月に〝お手紙騒動〟の最中、十五日に緊急入院された。そして、僅か十二日間の病院生活で浄土に召された。何とも悔しい限りのお別れであった。出会いから二十八年間、あうんの呼吸で歩いた二人三脚の片足が抜けてしまった。でも藤大慶の〝真ごころ〟は私の五体の中に沁み込んでおり、形は消えども魂は私の心の中に生き続けているのである。

私と藤さんは、夫婦、親子とは違った、男同士の心の深い絆で結ばれた親密な間柄であったと思っている。以下、二十八年間の二人の歩みを詳述させて頂くこととする。

プロローグ

夢から覚めぬまま逝った藤大慶師

「アショカ会館」（本部）に向かうウッドチップの敷かれた遊歩道は、桜と紅葉の苗木が新芽をほころばせている。三年前から、スタッフやボランティアの皆さん達が植えてくださったものだ。今は、まだ幼木だが、十年後、二十年後は、きっと桜の名所、紅葉の名所になると思うと、胸が躍る。途中の橋の上から小川を覗くと、芹が元気に揺れている。やっと春が来たと思っていたら、鶯の初鳴きまで聞こえて来た。嬉しくなり、自然と足も軽くなった。

西側に広がる牧草地では、十頭ほどの牛が、数頭の牧畜犬に追われて走っている。運動のためだ。その奥の林道を、馬に乗った人達が並足で朝の散歩をしているのが見えた。この馬達は、役に立てなくなり殺処分される寸前のところを、「養老牧場」として引き取ってきた馬達だ。私が手を振ると、一番後ろにいた女性が気付いて手を振ってくれた。

右手の方には、田んぼや畑地が広がり、田んぼでは田植え前の土起こしが始まっている。畑地では、夏野菜を植える準備をする人達の姿も見える。私に気づいた一人が、「おはようございます！」と言ってくれたが、遠くてかすかにしか聞こえない。それでも、私は手をあげて応えた。

畑地の一角にある本格的なハウスでは、実験的な栽培が行われている。詳しくは知らないが、画期的な栽培法らしい。

「会館」前の広場では、明日の、「はなふじ総合ランド」三周年を祝う「記念イベント」の特設舞台に、音響装置を設置するなど、若いスタッフ達が忙しく動き回っていた。周辺には、既に幾つものテントが立ち並んでいる。明日、来て下さる皆さんに、おでん・焼き肉・焼きそば・たこ焼き・おにぎり・サンドイッチ・ビール・ジュース等を振る舞うためだ。

「ご苦労さま！」と声をかけると、「おはようございます！明日も良い天気になりそうで、良かったですね。」と、弾んだ声が返って来た。彼は「るんびに学園」を七年前に卒業して高校に進学。卒業後は大阪の介護施設に就職していたが、「はなふじ総合ランド」のことを知ると、「ぜひここで働かせてほしい！」と飛び込んで来た子だった。

明日出演してくれる「るんびに太鼓」のメンバーは、夕食前に「あやべ温泉」に新設したホテルに到着。「るんびに学園」の子ども達は、明日九時頃到着。十時からの式典は、彼等の和太鼓演奏で始まる予定だ。これも新設した「酵素風呂」に、彼等はどんな反応を見せるか楽しみだ。

「本部事務室」は、これらの手配や、綾部駅からの送迎の手配等で、てんやわんやだった。挨拶もそこそこにして、「心療内科診療所」を覗いてみると、趣旨に共鳴して綾部に移住して来てくれた医師を中心に、カウンセラー・心理療法士・看護師がミーティング中だった。特別な用事も無いので、私は挨拶だけ済ますと外に出た。

「診療所」から数百メートル離れた西の方には、木造二階建ての集合住宅が十棟。ゆったりした空間をあけて立ち並んでいる。ワンルームの部屋六室六棟は、独身者の通学支援・就職支援のため。二DKの部屋四室四棟は短期の親子のためである。各棟の間には家庭菜園用の畑地があり、そこに住む人達が好きな花や野菜を育てている。

この住宅では、DVで苦しんでいた母子や、生きる意欲を失って引きこもっていた人や、ブラック企業に苦しめられていた若者や外国人、社会から弾き出されていた精神障害者や元受刑者、宗教二世、身寄りのない高齢者など、辛さを抱えていた人々が、互いに支え合って暮らしている。これらの棟では、ベテランのスタッフが様々な相談に乗ってくれている。

「アショカ」とは、「無憂樹・無憂華」の意で、お釈迦様が亡くなられて約百年後、インド亜大陸（アフガニスタン・パキスタン・インド）をほぼ統一したマウリヤ朝の第三代の王の名前である。仏典には、九十九人の兄弟・五百人の大臣を誅殺した暴君であったが、カリンガ王国征服の激戦で、その悲惨さに心を痛め、以後、深く仏法に帰依し、仏法に基づき「憂いのない国」を作ったという。辛い思いをしている者が支え合って生きる「村」には、最もふさわしいと思い「アショカランド」と名付けたのだ。

「るんびに学園」を建設するとき、八角形の本館も宿舎も分教室も木造で建てたかったが、資金が足りず鉄骨仕様にせざるを得なかった。そんな苦い思いがあるので、「アショカランド」の建物は、地元綾部の木材を利用して、すべて日本の気候風土に適した木の香りのする木造建築にしたいのだ。

今、この「アショカランド」には、新たなビジネス案件の相談がいくつも来ている。私はもう大概のことは若いスタッフ達に任せているので、詳細は知らないが、食品加工や農業法人、木工関連の企業などが、参画したいと申し出て来ているそうだ。その中には社会起業家を目指す若い経営者も何人かいるというので楽しみだ。生きる意欲を取り戻したら、自分達の力で収入を確保し、田舎でも心豊かに暮らして行けるようにならなければ、真の自立とは思えないからだ。

また、最近では、噂を聞きつけた芸術家の問い合わせが増えているそうだ。画家・陶芸家・彫刻家・書道家・染色家……等が集まって、近くに「あやべ光悦村」が出来れば、きっと青少年の刺激にもなることだろう。

「本部」に戻ると、女性スタッフのSさんが紅茶を運んで来てくれた。「この紅茶は、ここで採れた茶葉で作った紅茶です。すごくいい香りがしますよ！」と。

そうか、北にある山の斜面に茶畑があったことを、すっかり忘れていた。私は、その香りを楽しみながら、明日のスピーチを頭の中で繰り返していた……。

どーん、どーん、どどん、どどん、どどん、どん、どん

聞き慣れた和太鼓の音が響いてきた。

※注　藤大慶著『みんな真っすぐ伸びたがっている』プロローグより……

数年先の「アショカランド」にいる夢を見つづけて、そのまま深い眠りに落ちて、令和五年六月二十六日明け方、藤大慶師は深い眠りのまま八十一歳の生涯を閉じた。

二十八年間もの長きにわたり、二人三脚のコンビを組んで苦楽を共にした私には、「悲しみ」よりも「悔しさ」の思いで、棺に寄り添い〝安らかな姿〟にお別れの言葉を伝えた。

藤大慶師の野辺送りをして早半年がアッという間に過ぎ去った。藤さんが想い描いた「アショカランド」の構想を託された私は、その遺志を何としても実現させたい、その想いに応えたいと微力ながら決意を新たに、この半年間継続して資金作りに奔走したが、その目途は断ち切れた。誠に悔しい限りではあるが、「アショカランドの夢」実現は断念するに至った。

そこで、せめて藤大慶師の「想い・こころ」を後世に残すために、「アショカランド夢のつづき」を出版することにした。本著は「追悼集」ではなく、〝私心〟を捨てて、一途に「青少年のよみがえりの村」づくりに奔走した人間・藤大慶を、共に歩んだ私の視点から「心の超人・藤大慶の想い」を浮き彫りにして、その〝こころ〟を受け継がれる方が一人でも多く生み出せたらとの思いで本誌を上梓させて頂いた。

二〇二四年（令和六）一月好日

もくじ

第1章
藤大慶師との運命的な出会い

「亡くなった方の弔いは僧侶の役割ですが、
私は生きていく力の弱い青少年を何とか助けてあげたい。
そして立派な若者、社会人になれるよう支えてあげたい」
と言う藤さんの口調は物静かだったが、
私は内に秘めた情熱をひしと感じた。
そして、「るんびに太鼓設立十周年記念公演会」に参加した。
これが「るんびに苑」との関わりに強く心を動かされた
決定打となった。異色の僧侶との出会い。
一途な想いを語る藤大慶という人間に惚れ込んだのである。

異色の僧侶との出会い

茨木の東太田にある浄土真宗本願寺派西福寺という寺院の手伝いをしている高田忠一さんが、そこの僧侶が「青少年の蘇りの村を造る。その資金として五億円を募財によって集める。」と、夢みたいな話をしているという。具体的な事業計画もないままに募財で集めると張り切っているという。

一九九五（平成七）年四月十七日（月）の夕方、高田さん（当時・㈱西島製作所メカニカルシール部長）と、高槻市議会議員・松雪芳信（西島選出）の事務所で一緒した折に相談があった。

「西福寺は知らないが東太田のどの辺りにあるんですか？」

「松尾さんの住宅の道路を挟んだ反対側ある。小さな寺だから関係者以外は気づかないと思う」

私は、子ども（次男・難病）のために一九九二（平成四）年一月十日、吹田市南正雀の居住地から当地・茨木市東太田に転居して三年目のご当地であった。我が家は日蓮宗で宗派が違うので「西福寺」を知る由もなかった。

高田さんは「松尾さんは経営コンサルタントだから、是非、藤さんに知恵を貸して欲しい。但し、金のない藤さんだから報酬は払えない。ボランティアして欲しい」との要請であった。

私はさっそく藤さんと会って見たくなった。

「近々面談の機会を作ってくれますか。」すると高田さんは、すぐに西福寺に電話されて、翌週の月曜日（四月二十四日）十七時半に東太田の割烹「むらかみ」で顔合わせをすることになった。割烹「むらかみ」は店の前を素通りするだけで、店に入るのは初めてであった。ここは〝スッポン料理〟がメインのお店。スッポン料理も初めての食であった。

高田さんの紹介で、藤大慶氏と名刺交換をして挨拶を交わした。運命の出会いとなったのである。

藤さんは昭和十七年生、松尾は十八年生、高田さんはずっと先輩の昭和七年生である。高田さんと藤さんの関係は、高田さんが伴侶を十年前に亡くされ、たまたま浄土真宗だったので西福寺の僧侶・藤さんに葬儀をしてもらったのがご縁で、爾来、寺行事の手伝いをするようになり、のちに募財の運営組織「るんびに苑後援会」（会長寄氣恵山師）の事務局で会計を担当されていた。お二人はツーカーの相互に信頼関係の厚く深いご両人であった。

「亡くなった方の弔いは僧侶の役割ですが、私は生きていく力の弱い青少年を何とか助けてあげたい。そして立派な若者、社会人になれるよう支えてあげたい」

と言う藤さんの口調は物静かだったが、私は内に秘めた情熱をひしと感じた。異色の僧侶との出会いであった。

「るんびに太鼓」創設のキッカケ

当時は、新聞、テレビで「不登校児」の諸問題が云々されていた。それも高校生、中学生から小学校生の低学年にまで広がり、全国で十二万人を超える増加の一途にあった。

「地元の三島中学校（長男が通っていた）では校内暴力やシンナー遊び、はたまた家庭内暴力といった、大人が手を付けられないほどに荒れていたんですよ」と藤さん。

ある日、門徒さんが寺に駆け付けてきて、

「うちの息子が家で暴れるようになり私たち夫婦では手に負えない。どうしたらいいでしょうか」

との相談もあった。

「その息子さんを日曜日に寺に連れて来なさい」と藤さんは言った。

ある日曜日、その息子（中学二年生）が母親とやってきた。

「今からお参りするから君もここに座ってお参りしなさい」

素直に仏前に向かって正座したその子は、何かを求めているなと藤さんは感じ取った。学校の先生とは違う僧侶に対しては一目置いていたのである。

「君が今一番欲しいものは何だ？」

「……」

「勉強きらいか？」

「……」

うんともすんとも言葉を発してくれない。しばらく沈黙の時が流れたが、その子が急に立ち上がると、本堂の脇に置いてある和太鼓に向かって、力一杯に「ドーン・ドーン・ドーン」と叩いたのである。

「この子たちに和太鼓を叩かせる場を創ろう」と、藤さんの心に閃いた。それから間もなく、和太鼓集団「るんびに太鼓」が誕生した。一九八六（昭和六十一）年六月のことである。

『るんびに太鼓』も早十年の歳月が流れました。来月五月連休の五日(土)に茨木市民会館で『るんびに太鼓設立一〇周年記念公演会』を開催します。是非、松尾さんも参加してくれませんか」

「ええ、是非参加させてもらいます」

これが「るんびに苑」との関わりに強く心を動かされた決定打となった。一途な想いを語る藤大慶という人間に惚れ込んだのである。この時、高田さん・六十三歳、藤さん・五十三歳、そして、松尾・五十二歳の元気一杯の三人であった。

この出会いから月に一度程度の頻度で三者の情報交換の場を作ってきたが、本腰が入ったのは、二年後の平成九年に建設用地の候補地が岡山県勝田郡勝央町に具体化した時からである。

Ａ君の母親と面談

　藤大慶師と出会った年の秋、「るんびに太鼓に参加しているＡ君（中二）が今一つ仲間と溶け合わないでいる」と、藤さんから相談があった。

「松尾さんは人を扱う人事のプロだから、その子の母親と面談してみてくれませんか」

「曜日はいつでも良いのですか」

「その母親は働いているので、日曜日だったら会えると思います」

「そうですか。それでは次の日曜日にセットして頂けますか。時間は先方に合わせます」

　十一月十九日（日）の午後、Ａ君の母親に対面した。場所は西福寺の本堂のコーナーにある応接室である。

　私は簡単に自己紹介をしてからＡ君の家庭での様子を伺った。

松尾　子どもさんはお一人ですか。
母親　はい、一人っ子です。
松尾　お母さんはお仕事に出ておられると伺っておりますが、差支えなければどんな職業にお就きなんでしょう。
母親　私は、小学校の教師をしております。主人は中学校の教師です。

松尾　A君は中学生になられましたが、家ではどんなお子さんですか。

母親　私の家庭のことはほっといてくれませんか。子供が何かご迷惑でもかけたのですか？

松尾　そうではありません。太鼓の代表者が「A君が仲間と溶け合わない」と心配しているものですから、ご家庭でのA君の様子を知りたかったものですから……。

母親　私も主人も朝早く家を出るものですから、子どもには毎朝、食卓の上に五百円玉を置いて出かけます。

松尾　じゃぁ、朝出かけるのはA君が最後ですね。A君が帰宅した時も家には誰もいない。お母さんが帰宅されたら、A君には何と声掛けをされるんですか。

母親　いや、特別に何も……。

松尾　小学校時代もそうだったんですか？

母親　……。

松尾　お母さんね、〝ワンコイン〟では子育てはできませんよ。中学生になったA君はこれからどうなると思います。手遅れにならないうちに打つ手を考えませんか。私もお手伝いしますから。今日、初めてお会いしましたが、貴方の視線は常に天井を仰いでいらっしゃる。対話のときは目線を合わせてこそ、相互理解につながるのです。もし、お母さんの心が動いたらご連絡下さい。時間の調整をしてお会いさせてもらいます。その時は目線を合わせてお話しましょうね。

この後、その母親と二度目の対話をして、打ち解けて家庭でのこと、夫婦のことなど、包み隠さずにお話を伺った。スキンシップの欠落も、親子の対話もできるように努力され、翌年の春には、A君は太鼓の仲間に打ち解けて、その存在感を仲間に認められるようになったと、藤さんから聞かされた。

その後、数名の保護者と面談させてもらったが、

①共通点は両親が職業人であること。
②親子の挨拶からコミュニケーションが欠けていること。
③るんびに太鼓の創設者・藤大慶の想いが伝わっていないこと。

などを藤さんと共有化して、定期的に太鼓グループの保護者とのコミュニケーションの場を作った。そして、未然防止に注力する術を練った。これが、後に設立したNPO法人菩提樹（後にナムのひろばと改称）で、子育て支援事業、地域コミュニティーの街づくり支援事業へと繋がったのである。

青少年の蘇りの村づくり

一九九一（平成三年）から奈良県下市町の小学校の廃校舎で毎年開催していた「短期るんびに苑」が一九九五（平成七）年六月、第五回開催を最後に閉鎖された。「消火設備もない木造の廃校舎で寝泊まりすることは消防法違反である」地元の消防署の立ち入りで、と下市町役場に申入れがあったために「るんびに太鼓」の活動の場は無くなってしまったのである。

同年七月九日（日）第二回定時総会で、藤さんは「この際、常設の青少年蘇りの村「るんびに苑」を創りたいとの決意を述べている。そして、役員諸氏が候補地探しに動き出したのであった。いっそのこと下市町の廃校舎を買い取るということで折衝を始めた。短期るんびに苑の活動に支援・協力された方々が奔走して町議会に諮っていただいたが、審議の結果、意見は真っ二つに分かれ僅かな差で否決されたのであった。藤さんは下市町の夢を捨てて、北海道から九州・長崎まで伝手を頼りに二十数か所を訪ね歩いている。

私が「るんびに苑後援会」の組織に関与したのは、それから二年後の一九九七（平成九）年七月九日（水）に開催された第四回定時総会の場であった。午後三時、大阪・宗右衛門町の割烹「日本」にて、寄氣会長をはじめ多数の役員諸氏と名刺交換をさせてもらった。

この総会の席上、藤さんは「岡山県勝央町の桃畑の物件」について報告と提案を行って、現地視察を行うことまで決議された。この桃畑のことは、藤さんの著書で触れているが、この村は山村で町役場の働きで「農業生産法人」の組織化により農地所有者四十八軒の会員で運営されて来たが、各農家の若者が都会に出て行き跡を継ぐ者がなく、皆高齢化して桃の生産が出来なくなっている過疎化状態の桃畑であった。

ここなら、青少年と一緒に働き、収入も見込める。周囲に人家もないので和太鼓を叩くにはもってこいの土地であった。早速現地視察の段取りに参画した。

こうして、一九九七（平成九）年十一月十八日（火）大型バス一台を調達して、るんびに苑後援会の役員ほか関係者三十八名が乗り込んで現地を視察した。現地で「るんびに太鼓」の演奏会を行い、その夜は「湯郷温泉」に泊まり、翌日は「桃狩り」を楽しんだ。参加者の誰もが手ごたえを感じてくれた。

しかし、この桃畑は、農業生産法人のために会員全員の同意が無ければ売買譲渡は出来ない仕組みになっていた。会員投票の結果、三人の反対により受入は否決されたのであった。後で知らされたことであるが、金になる企業を誘致するために、オウム真理教の残党じゃないかと触れ廻っていた人がいたとの噂まで飛び込んできた。

現地視察を終えて、臨時役員会を大阪の北御堂津村別院で開催した。この席で桃畑の結末を報告すると「こんな計画事態が無茶だ。出来る訳がない。」と、厳しい意見も飛び出した。後援会自体が崩壊しかねない状況であった。

人は皆〝善人〟という藤大慶師

岡山の用地買収がとん挫したあと、年の暮も押し迫った頃、高田さんが重要な相談があるという。十三日（土）の夜、我が家に来てもらった。

後援会の会計帳簿の整理をしていたら、岡山県の案件で二百万円が仮払いされているので、藤さんに確認したら、あの時、仲介業者が「反対しそうな会員に賛同してくれるよう根回しをするので、その活動資金として二百万円を用意して欲しい」と言われて、現金を手渡したという。

二十八日は三者で忘年会、今年の活動の納めにする計画でいたが、この金の出金について責任の所在を明確にする必要ありと判断した私は、ビジネスの世界では「人は皆、善人ではない」ということ。事の成否に関係なく、使途が曖昧なものに金を払うことはもってのほか、ましてやこの金は後援会の会員の皆様の善意の輪のお預かりした金ではないか。約定書もなく現金を渡したら何の証拠もない。「やった、貰っていない」の口論にて問題は解決しない。この仮払いは容認出来ない。藤さんに自己責任を負って貰うと言明して、強く申し伝えたのである。

藤さんは言い訳は一切しなかった。私の意見もちょっと厳しかったかと反省もしたが、私の信念に反する行為は誰であろうと容赦はしないという生き方をしてきた。藤さんは、「松尾さんには筋金が入っていることを知りました」と。この時をキッカケに私が、ポンプメーカーの㈱酉島製作所で明治生まれの気骨の経営者・原田龍平社長に薫陶を得たことを折に触れて、藤さんにお話した。宗教の世界もビジネスの世界も、人間の原点は共通していることを双方で理解を深めたのである。

二百万円は、仲介業者と協議をして百万円を戻して貰い、残りの百万円を藤さんに弁済して貰い、この問題は三者の心に留めて役員会に諮らずに済んだのであった。

この後、気を取り直して、杯を交わし、新年からプロジェクトチームを編成して事業計画の策定を行うことを確認し合った。

推進プロジェクトを編成

一九九八（平成十）年一月七日、新年早々に高田、藤、松尾の三者が西福寺に寄って「るんびに苑」の事業計画策定の骨格を次の三点に絞り、

① 法人の位置づけについて
② プロジェクト・チームの編成について
③ そのメンバー候補者について

意見交換を行った。

そして、二回ほど議論の場を踏まえて、「るんびに苑設立準備室」を設置して、プロジェクト・チームを実務レベルのメンバー候補を挙げた。

私が勤めた㈱西島製作所で、財団法人原田記念財団を設立した時に参画してもらった、廣川六郎氏（当時・監査役）、渡邉一夫氏（元㈱西島製作所営業部次長・後に後援会の事務局次長）、四方素行氏（元㈱西島製作所・技術営業部長・綾部市出身）、長谷川元治郎氏（元大阪ガス㈱・労組本部委員長・後に後援会スタッフ）、阪井輝昭氏（元丸大食品㈱総務部長・後に後援会、NPO法人の監事）、岡本雅孝氏（当時、三井住友火災海上保険㈱勤務・西福寺門徒）が快く引き受けて頂き、二月七日（土）の午後西福寺にて初会合（第一回）を開いた。

メンバーは、これまで経験のない「青少年の蘇りの村」づくりの構想に驚きつつも「藤大慶の想い」に共鳴してくれた。そして、第二回会合を当月の二十八日（土）に開催、マスタープランのアウトラインを決議したのである。

法人とは、法に基づいて授けられる人格を言い、株式会社、有限会社、社会福祉法人、社団法人、財団法人などの法人がある。「るんびに苑」の場合は、財源を持たないので、社会福祉法人として国の支援制度のある法人を創ることが望ましいと結論づけた。

京都府綾部市とのご縁

一九九九（平成十一）年の九月、「夕陽燦燦の会」の田中久雄氏（当時、㈱かんぽう社長・後援会常任幹事）と中西喜次氏（当時、薬膳の会会長・後援会副会長）から藤さんに電話が入った。「京都府綾部市の知人・田中恒夫さんから、自宅の裏に格好の土地があるので見てみないか。と言う連絡を受けたので綾部に見に行きませんか」というのである。

一年前の岡山の案件が潰れて悶々としていた藤さんに笑顔が戻ってホッとした。寄氣会長と田中、中西さんの都合を重ねて九月二十二日（水）に綾部市に出向くので同行をと要請を受けたが、あいにく私は本業の出講日だったので参加できなかった。

綾部から戻った藤さんから興奮気味の報告があった。

田中恒夫さん（元農業高校の教諭・法人るんびに苑理事）が、「綾部市の四方八洲男市長に会って帰りませんか」と、その場で連絡をとられて、四方市長にお会いできたという。そして初対面の藤さんに「判りました。協力しましょう」と即決されたので藤さんと高田さんは手を取り合って喜んだというのである。

このことを早速、後援会の役員会に諮った。

綾部市十倉中町に「情緒障害児短期治療施設（現・児童心理治療施設）るんびに学園」を建設することと、社会福祉法人設立認可の手続きを進める旨を提案し、承認されたのである。

綾部市とのご縁

▲綾部市・るんびに学園建設用地を視察した
後援会の皆さん　2000.1.27

▲綾部の学園建設準備室
2000.6.5

▲綾部の学園建設準備室で、中央は地元のスタッフ十倉さん　2000.7.10

しかし物事はスムーズにいかない。大きな問題は、まず地元民の承諾を得なければならないことだ。藤さんは自著でも詳細に記述されているが、最初の地元説明会では反対意見が続出。

「都会の不良が大勢来たらこの地域はめちゃくちゃにされてしまう……」

子どもを持つ親たちからそんな声も出た。

二回目の地元説明会でも厳しい意見は収まらず、とうとう堪忍袋の緒を切らした藤さんは、「それなら結構だ。この地には世話にならん」と啖呵を切ってしまったのである。

「あなたがそんなことを言うと、纏まる話も纏まらないじゃないか」と地元の有力者がなだめられた。

ところが、結果的には半月足らずで地元の承諾が得られたのである。

後日談だが、四方市長が「何とか地元をまとめてやってくれ」と言われたKさん（法人の理事に就任）のご尽力のお陰があったからだと聞かされた。

十倉中町の土地（原野）の購入について綾部市との折衝はスムースに事が運び、総面積一万五千平方メートルを三千万円で契約した。しかし、勾配のある原野のために造成工事に費用が掛かる。その埋め合わせではないが、綾部市（議会承認）から一千万円の寄付を頂戴したのである。

こうして、藤さんは後援会の役員諸氏に新年の二〇〇〇（平成十二）年の一月二十七日（木）に現地視察を開催する旨の案内状を送付された。そして、新年早々に参加者に対応して、観光バス一台を用意した。折しも現地はこの週は月曜日から雪が舞い、足元は長靴を用意して来てください、との緊急連絡をも入れた。

かくして、バスを仕立てて茨木を出発した。茨木では青空であったが、綾部市に入ると雪空である。そして、目的地の十倉中町は一面の銀世界であった。バスの中で用意してきた長靴に履き替えて、雪の坂道を登る。原野に足を踏み入れると膝まで雪の中に埋まる。我々、大阪に住む者にとっては初めての体験であった。

藤さんと筆者
京綾部ホテルにて 2004.6..2

「こんな雪国では施設運営は出来んぞ！」と訴える参加者もあったが、「こんな積雪は滅多にないことです。大阪から初めてご当地に来て下さったので、歓迎の雪景色なんですよ」と、現地案内役のKさんは笑って言った。

それにしても九州の佐賀県出身の私にとっては初の体験であった。私は先頭に立って雪道を造って進んでいて木の切り株に躓いて転倒した。その時、スーツのズボンのひざ下を引き裂いてしまった。新調したばかりのスーツであっただけに悔しい思いをしたのを忘れない。

雪景色で見るのと雪のない状態で見るのとはまるっきり違うという事を想像もせずに現地を後にして、綾部市内の懇親会場「萬屋」に移動した。

こうして綾部市とのご縁が出来た。そして施設建設へ向けた活動が待ち受けていた。

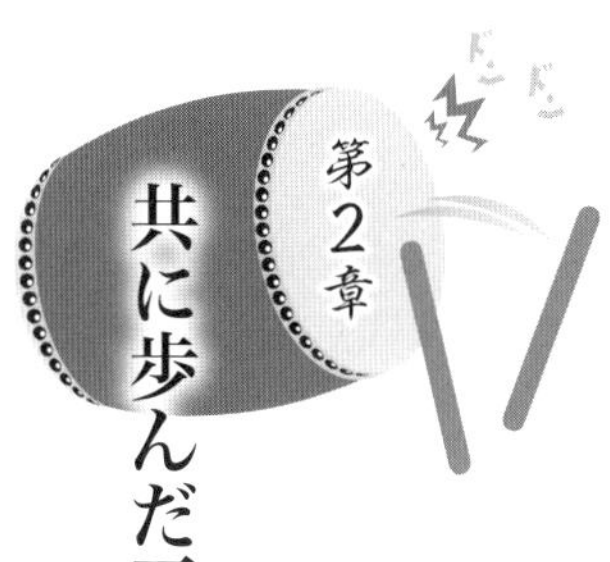

第2章 共に歩んだ五万千百時間

私は日本の三大ポンプメーカー㈱酉島製作所に入社して、
素晴らしい経営者と出会った。
そして、その社長から物の考え方を
折に触れて学ぶことができた。
酉島の原田社長から物の考え方、
行動規範を学んだことが、
藤さんの夢実現にお手伝いできたと自負している。
また、高田さんという素晴らしい先輩に出会えたことが、
藤さんとのご縁にもつながったのである。

酉島製作所の良き先輩、高田忠一氏

ここで改めて、藤さんとの運命的な出会いをつくってくださった、酉島製作所の良き先輩でもある高田忠一氏のことに触れておきたい。

私は、一九六二（昭和三十七）年四月、日本の三大ポンプメーカー㈱酉島製作所に入社した。西独のＫＳＢ社と技術提携をしての第一期生として、大卒・二十名、高卒・八十名、訓練校、中卒・四十名の総勢一四〇名の入社であった。

入社式で、原田龍平社長は「わが社は、何処を出たかではなく、何が出来るか、これが人事の基本方針である」と述べられた。

私はその言葉に感銘し、精励するキッカケとなった。工場実習（三ケ月間）を終えて、辞令交付式でトップに呼ばれると、社長から「総務部人事課勤務ヲ命ス」の本採用辞令を直々に手渡されたのである。配属が決まってから私は、総務部長（常務取締役）に「なぜ、私が人事課に配属になったのですか？」と尋ねた。すると「松尾君、これはね、昨年の入社試験の時、面接が済んでから原田社長から面接官の役員に対し『伊万里商高の松尾を総務課か人事課で使いたまえ』と先制されたんだよ」とのことであった。この言葉に背中を押され、よし、期待に応えられるよう頑張るぞ！との決意を新たにしたのであった。

こうした縁で、原田社長の信頼に応えられる人間になることを目指し、社長から物の考え方を折に触れて学ぶことができた。

まず、「価値ある人間、五つの条件」である。これは今なお、終生の課題として実践している。そして、「るんびに苑」への参画の根底を成しているのである。

一　心身共に健康であること
二　職業人としてプロになること
三　努力の習性を身につけること
四　他人に迷惑をかけないこと
五　人のため・世のために尽くすこと

一〜四まで実践できたら人間として整ってくる。最後は、その整った範囲内で人のため、世のために尽くすこと。それが人間としての価値である。これはどのような時代にあっても不変の価値である。

今一つは「人生には五つの節目」がある。その節目に思いを新たに意義あらしめること。これも今日まできちんとこなしてきたことが私の人生である。

一　この世に生を受けたとき……誕生日

二　学業を終えて就職したとき……入社日
三　大人の仲間入り・成人したとき……二十歳
四　男女の出会いで結婚したとき……結婚記念日
五　分身の子どもが誕生したとき……子どもの誕生日

それから「良い人生を送るために」

一　立派な親を持つこと
二　学業で良い師（先生）を持つこと
三　社会に出て良い先輩（上司）を持つこと
四　良い配偶者を持つこと

出来る事なら「宿る木」が良くなくてはならない。「宿る木」とは自分の仕事のことである。本当に自分のやることが人類のためになるのかを考えること。

このような物の考え方、行動規範を学んだことが藤さんの夢実現にお手伝いできたと自負している。また、高田さんという良き先輩に出会えたことが藤さんとのご縁にもつながったのである。

酒呑み仲間「マストハニーの会」

私が在職中、単独で寛げる飲み屋・スナック「英・はなふさ」（高槻市）があった。会社の中では労組の三役のみしか連れて行かない店である。

一九九四（平成六）の十二月のある日、店のママが嘆いた。

「松尾さん、最近お客さんがめっきり減りました。十二月というのにこの有様よ」

「なぜ客が遠のいたのかな。こうしたらどうですか」と私はママに一つの提案を投げかけた。

「私が、たまに寄せてもらった時に単独で来ているお客さんが居るでしょう。今月、その方たちに同席してもらうよう連絡したらどうですか」

そして、年の暮れに常連の長谷川元治郎氏、阪井輝昭氏、村上弘氏、大和泰晴氏、吉岡哲夫氏、西岡弘子氏と私の七人が集って呑み会をして、「酒呑み仲間の集う会を結成しませんか」と投げた。

すると、すぐに賛同して会の名称を決めよう。仲間の名前のアルファベットを書き出し、Ｈ・Ｓ・Ｍ・Ｙ・Ｔ・Ａ・Ｎの文字をメモ紙に書いて、テーブルの上に並べていくうちに、ＭＡＳＴＨＮＹ……「ＭＡＳＴ・ＨＯＮＥＹ」マスト＝帆柱、ハニー＝ハチミツから、マスト＝英（はなぶさ）にハニー＝蜜のように集まる「マストハニーの会」と命名したのである。そして、翌年の一九九五（平成七）一月十九日（木）の夜初会の集いを開催した。この週火曜日の十七日の早朝に阪神・淡路大震災が起こった。それでもメンバー八名が集い、この会がスタートした。

高田忠一さんに入会してもらったのは、その年の三月である。「るんびに苑」のプロジェクトチームのメンバーのうち、廣川氏を除く全員が「マストハニーの会」の会員となり、会合を例会の日に設定して、全員で「英」に参集し、より結束してのチームとなった。

僧侶である藤さんも「英」に連れ込み、呑んで歌って労をねぎらったものである。その藤さんもカラオケが楽しみの一つになっていた。この店には寄氣会長も何度かお連れし、戦時下の歌をご披露して頂いた、懐かしい思い出の店である。

高田さんを仲間に入れてから、この回はさらに盛り上がって毎月一回の例会のほかに、四月の花見会や秋には「紅葉狩り」と称して箕面滝、嵐山などの郊外にも出かけて行った。

マストハニーの会結成から五年が経った、二〇〇一（平成十三）一月二十六日（金）の夜、藤さんから「高田さんが倒れて高槻市の三島救急センターに搬送された」との連絡が入った。翌日の夕方、藤さん夫婦と私は病院に駆け付けた。そこにはお子さん二人、昇さんと妹夫婦が見守っておられた。

高田さんは、自宅の玄関口の上がり框にうつ伏せに倒れておられた、と昇さんに状況を話してもらった。たまたまこの日は週末であったが、寄り道せずに会社から帰ったら、この有様で僕は一人でオロオロしました、と言われる。高田さんは奥さんを亡くされてから、男手ひとつで二人の子供を一人前にされて、娘さんは嫁がれて、自宅では息子との二人暮らしであった。

高槻に住んでおられる娘さんの所に、よく自転車で孫の顔を見に出かけることを楽しみに自慢話をされていた。

倒れたあと意識はなく、昏睡状態のまま、三日後の二十九日（月）安らかなお顔で息を引き取られた。病名は「脳梗塞」、享年六十八歳の早逝であった。

高田さんは、一月九日の月例会には何時ものように、ニコニコ笑顔を振りまきながらカウンターの指定席に座っておられた。そして、この日新しくメンバーに加われた古賀伸（元㈱西島製作所取締役工作部長）が会社をリタイヤしてから始められた油絵の作品が、「第十回全日本アートサロン絵画大賞展」に入選されたので、この会の有志で大阪・天王寺の「大阪市立美術館」へ出向き、その後、大阪城の「梅林」での花見会の開催を皆で申し合わせていたのに、高田さんの笑顔はそこにはなかった。

二月十三日（火）の月例会を急遽「高田さんを偲ぶ会」として、メンバー全員が出席して追悼を行ったのである。

月に一度の集いながら皆楽しみに集い、呑んで歌って寛ぎの場となったが、ママ(田中英子さん)が体調を壊したために、二〇〇三（平成十五）六月の例会を最後に、六月二十八日（土）、私と長谷川、渡邉氏の三人が集って閉店の締めくくりとなった。その一年後に、田中英子さんの訃報が届いた。享年六十二歳の早逝であった。

故高田忠一さん没後十年の二〇一一（平成二十三）年一月二十九日（土）、高槻市「つきの井」で「高田忠一さん没後十年を偲ぶ会」を開催し、藤さんを軸に元㈱西島製作所・るんびに苑グルー

高田忠一さんと

▲高槻市・芥川で桜見会で
中央が高田さん　1997.4.6

▲我が家でマストハニー会の仲間たちと
左から二人目が高田さん　1999.12.20

マストハニー 会の仲間・村上さんの定年退社お祝いで
（左が高田さん）　1996.11.5

プの役員・茨木市地域福祉会の役員有志が集って、在りし日の高田忠一さんを偲んだ。

桃太郎の「犬・猿・雉」の三役

後援会の役員として参画されている西村滋さん・太田晃さん（西福寺門徒）が設立から参画し、藤さんを支えておられた。高田さん亡き後、事務局に嵌まってもらう方を選任するために、二月二十七日（火）の夜、藤さんと西村、太田さんと私・松尾の四人で事務局会議を開き、現役を離れられた太田さんに事務局長に嵌まってもらえるよう推挙するも固辞された。しばらく時間をかけて再検討しようと決議して散会した。

再度、三月二十四日（土）に二回目の事務局会議を開催した。この場で太田さんは「私はよう引き受けきれん、事務局長は勘弁してほしい」と懇願された。これ以上無理押しも出来ないので、藤さんに「本件は別途検討しましょう」と、仕切り直しとなった。

翌日曜日、藤さんに来宅して頂き、「私は、このご縁は亡き高田さんのメッセージとして『松尾！俺の後は君に頼む！』と発しておられると受け止め、微力ながら事務局の任を引き受けます。藤さんは〝桃太郎〟をしっかり演じて下さい。私が犬・猿・雉の役割を演じますから……」と決意を伝えたのであった。

これからの活動は、藤さん一人ではなし得ない大事業である。行政窓口の法人認可、学園建設の建設業者との折衝、建設資金確保のための補助金窓口折衝、想定するだけで膨大で大変なハードルである。それを乗り越えなければならない。私はこの時、躊躇していては実現できない。〝挑戦するしかない〟と、「学園完成のイメージ」を我が身の潜在意識のプログラムに組み込んだのである。

二〇〇一年（平成十三）五月二十三日（水）・藤さんと初めて京都府庁の門をくぐった。社会福祉法人認可の窓口は保健福祉部地域福祉・援護課とのこと。応対して頂いたのは、T課長補佐とK主事であった。

当方の法人設立の意図の概略を藤さんが説明したあと、認可申請に必要な要件の説明と必要書類について説明を頂いた。

法人認可までの手続きについては、折衝窓口が本課の他に当課の施設振興係・施設指導係、児童保健福祉課、家庭支援課の他、教育庁管理部管理課助成係と指導部学校教育課があるとのことであった。

「藤も私もハードのスケジュールをもっており、何度もそれぞれの窓口に出向いて〝たらいまわし〟の相談は困ります。二人は茨木市、高槻市から出向いて参りますので、出来たら協議の日時を決め、関係窓口のご担当者を一か所に集めて協議、相談、手続きを進めて頂けないでしょうか」と私は投げた。するとT課長補佐は、

「そんな無茶な！そのような協議なんて前代未聞です」と応答。

「前例がないものは出来ない。したくない、と言うことですか」

「私一存で決めることはできません」

「だったら課長さんに相談して下さいよ」

結局、課長補佐は課長に相談してから連絡するとの約束で、この日は申請書類を預かって引き揚げた。

藤さんと私は、この後、綾部まで行って市役所と京都銀行の綾部支店まで走ることにした。運転免許そのものを持たない私にとって、移動の手段が車でないと効率が悪い。藤さんの運転は慣れたものでどこへでも走れる人であった。

二日後に京都府庁のT課長補佐から電話で、関係窓口の担当が一堂に会して協議を進めさせてもらうとの承諾と、第一回目の協議を八月九日（木）午後二時から旧庁舎の会議室で行う旨の連絡を受けて承知した。後日談であるが、このような場を設営させたのは、藤・松尾のみであったとのことを翌年、法人認可後に児童保健福祉課のM課長（後に保健福祉部長）から聞かされた。

藤さんとの二人三脚は、京都府との折衝と並行して、

①　日本自転車振興会（以下、日自振という）
②　施設建設の建設委員会の活動
③　学園設立準備室の活動

④　設立準備委員会の活動
⑤　るんびに苑後援会の運営

と多岐にわたる活動の展開に嵌まってゆくのである。

二十八年間、私の4割の時間を共に

社会福祉法人設立に向けて、いよいよ本格的スタートとなったが、その都度難題にはじかれた。日頃穏やかな藤さんが、役所の窓口担当者に激怒したこともある。

詳しくは次章で述べるとして、ここで少し横道に逸れて藤さんと共有した時間について考えてみたい。

私事で恐縮だが、仕事柄、顧問先の企業経営の長期ビジョン（十年先）↓中期（三年〜五年年）計画↓単年度計画の策定を指南させて頂いた。その範を示すために自己の人生計画も同様に策定し、「有言実行」を成し、すべてを達成してきた。そして、「事実に基づく」「データで語れ」「点から線に、そして面にせよ」と、管理活動の基本を説いてきた私は、常に手帳とカメラを所持し、行動の記録を克明に残してきたのである。

まず、わが人生の長期目標計画として、

（1）人生の節目（五年ごと）の誕生日（七月九日）を意義あらしめる

①満五十五歳　富士山の山頂に立つ　1998年
②満六十歳　関西百名山登頂の著書出版のお披露目会　2003年
③満六十五歳　日本最北端の地「宗谷岬」に立つ　2008年
④満七十歳　奥の院「富士山」の山頂に立つ　2013年
⑤満七十五歳　日本最南端の地・八重山諸島の「竹富島」に立つ　2018年
⑥満八十歳　日本列島の中間地「佐渡島」に立つ　2023年
⑦満八十五歳　わが故郷・佐賀県の山「松浦富士」に立つ　2028年
⑧満九十歳　日本最低標高の山「天保山」に立つ　2033年

①～⑥まで、計画通りに実行して7月9日の誕生日をご当地で迎え意義あらしめた。

（2）満五十五歳からの十年計画「関西百名山への挑戦」

一九九九年（平成十一）六月二日、地元高槻市の「ポンポン山」（六七八m）登頂を皮切りに、二〇〇七年（平成十九）十一月三日、百座目を奈良県の「大台ヶ原」（一六九五m）を登頂し、関西百名山の登頂を果たして著書「関西百名山への挑戦」を出版した。〃一〇年の歳月かけて百の山〃であった。

時間軸で見ると、一日の活動時間を十二時間とすると、年間四千三百八十時間の十年間・総時間は四万三千八百時間である。登山時間と移動時間は八百八十七時間で、その割合でみると僅か二パーセントに過ぎない。

（3）満六十五歳からの五年計画「おらが富士への挑戦」

日本列島すべて山だらけ。中でも単独山で「富士山」のミニ版として、別名ご当地富士が七百座を超えると言われている。北は北海道の利尻島「利尻山」（利尻富士）から南は鹿児島県の「開聞岳」（薩摩富士）までのベスト二十五座と、関西（近畿）エリアのベスト二十五座の計五十座を五年間の目標で挑戦した。

二〇〇九年（平成二十一）四月十日、大分県の「由布岳」（豊後富士）〈一五八三m〉を皮切りに、二〇一三年六月二十五日、北海道の「後方羊蹄山」（蝦夷富士）〈一八九八m〉を登頂して、翌月の七月九日の誕生日を奥の院「富士山」〈三七七六m〉で迎えることが出来た。

五年間での登山時間と移動時間は七百八十一時間で、私の活動時間（五年間）の僅か三パーセントである。

（4）満七十歳からの七年計画「日本の五街道を歩く二人旅（妻と）」

七十歳まで〝登る〟ことに挑戦したので、次は〝歩く〟ことへの挑戦である。

①東海道五十三次・四九二km（二〇一四年九月二十八日〜二〇一五年十二月十日・三十三日

間、歩行時間・二三六時間、移動時間・五九時間)

②中山道六十九次・五百km(二〇一七年一月三日〜同年十二月七日・三十四日間、歩行時間・二一九時間、移動時間・一〇八時間)

③甲州街道四十四次・二五八km(二〇一九年二月九日〜同年十一月四日・十四日間、歩行時間・一〇三時間、移動時間・五四時間)

④奥州街道十一次・一二八km(二〇二〇年一月十一日〜同年三月二十日・六日間、歩行時間・三六時間、移動時間・二六時間)

⑤日光街道二十一次・一二七km(二〇二〇年六月十六日〜二〇二一年十一月十八日・十日間、歩行時間・五三時間、移動時間・三二時間)

コロナ禍の影響も受けて、七年の歳月をかけて五街道の全ての行程を歩くことが出来た。歩行距離は何と一五七九キロ、歩行時間・六四八時間、移動時間・二七七時間で、七年間の活動時間から見ると僅か三・八パーセントに過ぎない。

藤さんは「時間ドロボウ」か……?

藤さんから自著「関西百名山への挑戦」に祝福のメッセージを執筆してもらったが、いつも「松尾さんは人一倍ハードのスケジュールをこなしながら良く登山ができますね」と藤さん。時間軸で見れば、前述の通り、私の活動時間から見れば僅か数パーセントの時間に過ぎない。

藤さんは一日の活動時間の全てを「青少年の蘇りの村」に捧げており、私との行動の二十八年間を時間に置き換えると、総活動時間は十二万二千六百四十時間が藤さんの活動時間、私が関わった時間を一日五時間として試算すると五万一千百時間で、約四十二パーセントである。

後章で詳述する「るんびに苑」に関与した役員の皆さんたちの無償の提供時間をも勘案すると、実に藤さんは「時間ドロボウ」であった。ビジネスの社会で見ると、私の投入時間は当時の出講チャージで換算すると相当な金額になる。しかし私は藤さんから金銭には代えがたい大きな徳をいただいた。藤さんに関わった多くの人たちも私と同じ思いだろう。寝ている時間以外は「子ども達の現状と行く末」を案じて活動している。誰にも真似のできない行動と活動に没頭された藤大慶師の姿を知って欲しいものである。

私たち人間には、一日二十四時間の共通の時間を与えられている。しかし、その時間を有意義に活用するか否かは千差万別である。私の人生は「時間を有効に使う」ことに徹して来たつもりである。次の章で詳述する行政との折衝の最中、「私には一日五十時間の時間を下さい」と念願したものである。

略年譜・藤さんとの出会いから二〇二二年まで

年	和暦	月日	出来事
1993	平成5	5・29	「るんびに苑後援会」設立・寄氣恵山会長
1994	平成6	6・1	後援会・第一回定時総会開催
1995	平成7	5・5	「るんびに太鼓」設立十周年記念公演を開催
1997	平成9	7・9	後援会・第四回定時総会開催～松尾が入会、参加
1999	平成11	10・15	京都府綾部市に「るんびに学園」の用地買収・地元が受入決定
2000	平成12	1・27	後援会・学園建設用地の現地視察
		5・15	「社会福祉法人るんびに苑」設立準備委員会を設置
2001	平成13	4・10	財・日本自転車振興会、補助金（一億六千五百万円）の内定通知
		5・23	京都府庁へ「社会福祉法人」の書類提出
		8・25	設計依頼を徳丸博史建築設計株式会社に決定
2002	平成14	5・22	京都府知事より法人認可通知書拝受
		9・26	「るんびに学園」起工式を挙行、建設工事着工へ
2003	平成15	1・22	「るんびに学園」上棟祭挙行
		4・6	法人・藤理事長、茨木市から綾部市に転居
		5・26	学園・本館回廊壁面にご協力者ご芳名の「モニュメント」を設置
		5・27	「るんびに学園」竣工・開園、祝賀会挙行、
		6・1	るんびに学園開園

西暦	和暦	月日	事項
2007	平成19	6・28	学園・夜回り先生の水谷修氏来園～テレビ番組の取材で
2008	平成20	6・22	法人・開園五周年記念公演会「夜回り先生とるんびに学園太鼓」～京都府中丹文化会館大ホール
2009	平成21	1・13	学園・新学習棟建設起工式を挙行
		3・19	法人・新学習棟工事～施主検査、三月三十日新学習棟竣工式を挙行
2011	平成23	6・24	法人・綾部市志賀郷高齢者学級へ藤理事長出講
		12・1	分教室・小学生の卒業証書を黒谷和紙で制作
2012	平成24	5・28	法人・学園運営適正化委員会臨時委員会開催
		5・27	学園・大阪中央ロータリークラブ奉仕来園～桜の木を植樹
		7・17	法人・奥上林高齢者学級で藤理事長講演
2013	平成25	6・5	法人・「公財・京都オムロン地域協力基金」より「ヒューマンかざぐるま賞」を受納
		7・1	法人・学園施設長に髙橋正記氏就任
		11・7	法人・職員の川勝、横田、久田、幹田氏、第三十七回綾部市社会福祉大会にて「福祉功労者表彰」を受ける
2014	平成26	1・28	法人・ご協力者ご芳名のモニュメント除幕式
2017	平成29	3・17	法人・施設拡充計画策定準備会合、十一月三十日まで四回の会合を開催
		12・21	法人・御下賜金伝達式

西暦	和暦	月日	出来事
2019	令和元	5・30	法人・藤理事長に「正力松太郎賞」〜東京で授賞式
		11・28	法人・学園の土地造成事業計画具体化に着手
		12・10	法人・静岡県の社会福祉法人「デンマーク牧場福祉会」を藤と松尾で視察
2020	令和2	7・18	法人・霊友会「ありがとうこだま基金」贈呈式
2021	令和3	11・10	法人・「藤大慶の人生」著書出版計画策定
		11・13	法人・「はなふじ総合ランド」設立準備プロジェクト編成の組織化
		12・12	法人・第一回「はなふじ総合ランド」設立準備委員会開催
2022	令和4	3・31	法人・藤大慶理事長退任。後任に長谷川毅正理事長
		7・4	一般社団法人はなふじ総合ランド設立、代表理事　藤大慶
2023	令和5	1・8	著書「みんな真っすぐ伸びたがっている」出版記念講演会を開催〜京都・聞法会館
		6・26	藤大慶師逝去　行年八十一歳
		7・4	一般社団法人はなふじ総合ランド　代表理事松尾正隆

第3章 藤大慶の想いに共感して

藤大慶師亡きあと、ご縁の方に執筆のお願いをいたす段になって、
どのような出会いからのご縁かも判らず、
後援会のご協力者台帳から抽出してお願い状を差し上げた。
執筆の可否について返信ハガキを同封させて頂いたが、
半数の方から、加齢のため、文才がないため、ご面識もないので
……等々でご辞退された。
また半数近くのお方が、無返信と言う寂しさも体験させられた。
ご予定させて頂いた十五名ほどには及ばなかったが、次の方々に
素晴らしいエピソードを添えて寄稿して頂いた。
改めて誌面より厚く御礼を申し上げる次第である。

未来を生きる子ども達へ

河野　真理子

藤大慶先生と出会う
一年前の自画像

こうの　まりこ
1954 年生まれ。大阪府出身。茨木市在住。

茨木市立太田小学校新任教諭として長男慶哉氏の一年担任となる。当時、住職不在の西福寺に入られたことや、人に寄り添った「るんびに」の記事、その奮闘ぶりに感銘を受け、ご家族としての“チーム藤”の支えも伝わってきた。その後の「るんびに苑通信」も、拝読するたびに胸をあつくした。

また「るんびに太鼓」の根幹の願いを知り「るんびに学園」への応援を、微力ながら続けている。

2015 年定年退職後、2020 年教育の原点である支援学級担任として再任用を定年退職。43 年間の教員生活をおくる。

　大慶先生の生きてこられた姿勢から学び、教え子や保護者からの相談にも応じ、現在に至る。

　大慶先生とご家族とのありがたいご縁を感じている。この出会いに感謝の想いは絶えることはない。

藤大慶先生から子ども達への手紙

小学校では地域体験学習というのがございます。その時、講師としてもお世話になった藤大慶先生。子ども達が手紙を送りました。そのお返事を皆様にも知って頂きたく掲載致します。（原文のまま掲載）

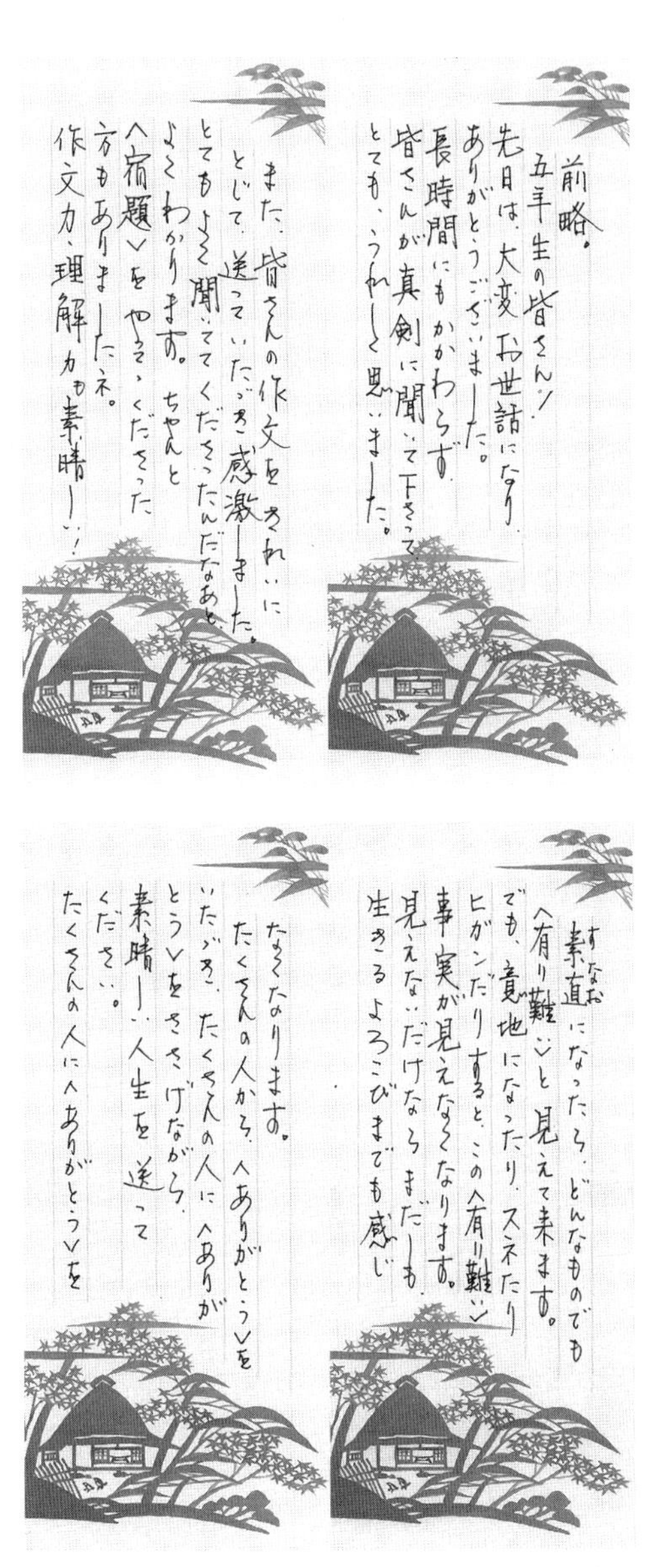

前略。
五年生の皆さん！
先日は、大変お世話になり
ありがとうございました。
長時間にもかかわらず
皆さんが真剣に聞いて下さって
とても、うれしく思いました。

また、皆さんの作文をきれいに
とじて送っていただき感激しました。
とてもよく聞いてくださったんだなあと
よくわかります。ちゃんと
〈宿題〉をやってくださった
方もありましたネ。
作文力、理解力も素晴らしい！

素直（すなお）になったら、どんなものでも
〈有り難い〉と見えて来ます。
でも、意地になったり、スネたり
ヒがんだりすると、この〈有り難い〉
事実が見えなくなります。
見えないだけなら、まだしも
生きるよろこびまでも感じ

なくなります。
たくさんの人から、〈ありがとう〉を
いただき、たくさんの人に〈ありが
とう〉をささげながら
素晴らしい人生を送って
ください。
たくさんの人に〈ありがとう〉を

さゝげるためには、たとえ身体が
不自由でも、記憶力が悪くても
ベッドに寝てても、素直で
ありさえすれば、誰にでも
出来ることです。けれども
たくさんの人から〈ありがとう〉を
いただくためには、相手のことも

世の中のことも、自分のことも
知らなければなりません。
今、学校で、いろんなことを
教わるのは、そのためです。
他人や社会のために役立って
たくさんの〈ありがとう〉を
いただくためです。

たくさんの苦労をすればする
ほど、たくさんの失敗をすれば
するほど、その力は強くなり
ます。苦労や失敗をイヤ
がってはいけません。あなたを
強くする、またとないチャンス
なのですから！

、それに役立とうと思ったら、
やり続けることも大切なことです。
フイと思いついて、チョコっとやって
みて、誰も認めてくれない
からと、止めてしまう人が、たくさん
います。相手もあなたのことが
よくわからないのですから。

相手が、わかってくれても、くれなくても
同じ態度、同じ心、同じ願いを
ずっと持ち続け、同じ行動を
とり続けることが大切です。
今日わかってもらえなくても
明日わかってもらえます。明日
わかってもらえなくても、

十年後にはわかってもらえます。
生きている間にわかってもらえなくても
死んだら、きっとわかって
もらえるはずです。
そんな心で生きてみたら、
たくさんの〈ありがとう〉に
支えられて、生かされている

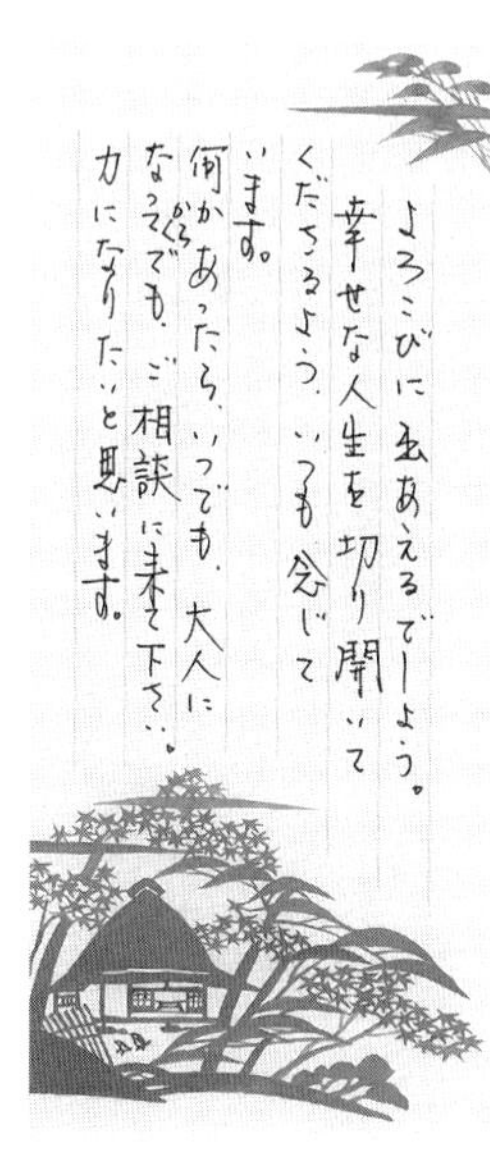
よろこびに出あえるでしょう。
幸せな人生を切り開いて
くださるよう、いつも念じて
います。
何かあったら、いつでも、大人に
なってでも、ご相談に来て下さい。
力になりたいと思います。

この度は、有り難いご縁をいただき、
心から、お礼を申し上げます。
ありがとう！
藤　大慶
玉節小学校
五年生の皆様

今でも繰り返し拝読、胸が一杯に

今でも繰り返し拝読しては、胸が一杯になります。大慶先生は、小学生の子ども達に対しても、だからこそ尊い命の持ち主として、真摯にむきあってくださいました。

私は昨年末に開催の同窓会に出席し、大慶先生の手紙の想いを実感することがありました。この学年は、二十代、三十代、四十代と同窓会を行なっている今年四十八歳の年男・年女でございます。

山村崇さんは、高校一年生で中退。大工の見習いになりました。一年目は日当が五千円。交通費に千円。昼食代に千円を使ってしまうと実質三千円。けれども先生がおっしゃっていました様にやり続けました。一年ごとに賃金が千円上がって行ったとも申しておりました。現在は立派な

帽子をかぶっているのが筆者。アッと言う間の９時間に及んだ同窓会。三次会が終了後、充実の顔の参加者（教え子）たち

大工の棟梁をしています。

大倉雅史さんは、今まで引越しが二十二回。結婚し、これからのことを思うと転勤がない仕事がよいと司法書士をめざしました。仕事を続けながらマクドナルド等で勉強をしたそうです。難関を突破され、現在は法務事務所を開いています。

たくさんの苦労をすればするほど。たくさんの失敗をすればするほど、その力は強くなるという大慶先生のお言葉をかみしめております。

大慶先生は何かありますと、すぐにかけつけ、まず寄り添ってくださいました。私も身近なところから、自分の出来る範囲で、少しでも寄り添う生き方をしていきたいと思っております。これからも、皆様のお一人お一人に大慶先生は生き続け、いざという時は、支えになってくださると信じております。

合掌

藤大慶さんとは
深い因縁の出会い

山本恵真

やまもと　えしん
1934年３月５日生。浄土真宗本願寺派西連寺の三男として誕生
島根県那賀郡三隅町出身。大阪市淀川区在住。
1958年3月　龍谷大学文学部卒業
1958年4月　浄土真宗本願寺に就職。布教研究所勤務
1960年　月　大阪市淀川区木川西2-9-18　浄土真宗本願寺派専宗寺法詞として入寺、山本敬子と結婚
1961年7月　義父病により本山を退職、寺院の法務と併設の幼稚園副園長に就任
1966年4月　幼稚園園長就任
1973年4月　専宗寺住職を継承、幼稚園・園長に就任
1982年4月　幼稚園を学校法人「専宗学園」に変更、理事長に就任
2002年5月　社会福祉法人るんびに苑理事に就任
2008年3月　専宗学園園長を退任
2008年5月　社会福祉法人るんびに苑理事を退任
2024年３月５日　満９０歳「卒寿」を迎える
現在　学校法人専宗学園理事長

藤大慶さんが還浄されてもう半年が経ちました。彼の訃報を知ったのは昨年八月、本願寺発行の「宗報」の録事の頁「敬弔」の処を見て、藤さんの名前が記してあったのでビックリした事でした。

私と藤さんとの出会いは、彼に対面する前からの因縁がありました。と申しますのは、私の実家（島根県浜田市三隅町岡見の西連寺）の長男が、龍大（龍谷大学）の宗育部で共に活動した仲であり、夏休みに同じ仲間の立川氏と藤さんの実兄を我が家に連れ帰って、子供会をしてくれて、二〜三日宿泊して帰られたのがご縁の始まりでした。

それと、私が龍大の学生であった頃、京都市東山区の妙順寺（山崎昭見住職）に下宿させてもらい、寺の法務員をしていた頃、妙順寺の日曜学校に龍大や京女（京都女子大学）の宗育部の学生が日曜学校の先生として来られていました。その中に京女の学生・藤聡子さんが居られたのです。彼女は藤さんの実姉だったのです。

彼女は、後に大阪・高槻市富田町の常見寺の利井明弘氏に嫁がれたのですが、利井氏は私と龍大の同期生で友達付き合いをしていた方なので、藤さんとのご縁が深まったのです。

藤さんに対面するご縁は、拙寺の永代経の法要に常見寺の利井氏が毎年講師として来寺して頂いていまして、ある年、利井氏に急用が出来て来寺出来ないので代理に義弟を出講させますとの連絡を頂き、代講としてお出で下さったのが藤さんだったのです。ですから初対面から親近感を覚えたことでした。

早速に藤さんに実兄の話や聡子さんとの出会いを語り、すっかり寛いで話が弾んだことでした。それがご縁となり、毎年秋の彼岸法要に講師としてお出で頂くことになり、藤さんとの密接な関係が生じたことでした。

それから藤さんとの長い付き合いの中で、彼の生い立ちや結婚されてからの経過やご苦労を知り得たことでした。

彼が青少年の心の病や、荒れた生活をしている地域の子ども達の心に触れられ、自分も高校生の頃、親に反抗し困らせて居たので、その子ども達の心、態度が理解出来、その子ども達の更生に心を砕かれ、更生の手段として和太鼓の練習を取り入れられ、子ども達の身体や心の鬱屈の捌け口を与え、ヤル気を興させるという事に気付かれて子ども達の更生に励まれ、その様子をよく語って下さいました。

藤さんのそんな活動の中で、心を病んでいる子ども達を受け入れる施設を何とかして作りたいという夢を各所で語られ、有志を募り浄財を集められ、手始めに奈良の洞川で「短期るんびに苑」の夏季合宿を始められました。その後、常設の施設を持ちたいと岡山方面をはじめ数か所の施設用地を探し回られ、東淀川の覚林寺住職・寄氣恵山先生を会長に依頼され、「るんびに苑後援会」が組織されて活動が始まりました。

最後に落ち着いたのが現在の京都府綾部市の地でした。それから施設の実現に向けた計画に取り掛かられ、「社会福祉法人るんびに苑」の認可を得て、情緒障害児短期治療施設（現在・児童心理治療施設）「るんびに学園」の建設が始まりました。

この法人認可申請の折に、藤さんから法人の理事に就任するよう要請を受けて、私は快諾して、十五名の理事の仲間に入れて頂いたことでした。

藤さんの長年の夢が実現されたことを共に喜ばせて頂いてから二十周年を迎えられ、その後、学園の付帯施設「自立支援施設」を作りたいと、牧場をもつ「アショカランド」という壮大な夢の実現に注力され、実現間近かに突然の訃報、本当に驚かされました。後で聞きますと、長年のご苦労の過労から病を発症され、大手術を受けられていたという事など、聖子夫人から聞き得たことでした。

自分の夢に向かって身を粉にしての報恩行、只々頭の下がる思いで一杯です。これからは藤さんの夢であった構想の実現に、後に遺されし我々有志が結束して微力ながらお手伝いさせて頂こうと気持ちを新たにさせられたことでした。

合掌

藤大慶先生の残された言葉

音光寺澄子

おんこうじ　すみこ
1965年生まれ
熊本県菊池市在住
浄土真宗本願寺派　音光寺僧侶

『生命は真っすぐ伸びたがっている』

私たちは、何もかも自分でやっているような気がする。しかし、最近の生命科学は、生命はDNAのなかで生きていると言う。

父と母のDNAが結合して私が誕生したということは、現に今、私の中で父と母が生きて動いていることになる。父と母の中に、四人の祖父母が生きているのだから、父と母を通して四人の祖父母も私の中で生きて動いていることになる。

こうして辿ってゆくと、これまで見てきた四十億年前からの膨大な生命が寄り集まって、生きて動いているのが、この私と思っているモノなのだ。この四十億年前の生命が寄り集まったモノを脳の前頭前野にある自我中枢が、これは私だと思っているのだ。これは、現実の社会で生活するにはとても大事な働きだが、私の中で四十億年の生命が動いていることに気づかない。

四十億年、生命はいつも〈群れ〉の中で生きてきた。だから、動物も植物も細菌類も、独りになったら生きられなくなる。独りに閉じこもったり、仲間はずれにされたら、たとえ発育盛りの若者でも生きることが辛くなる。だから、無意識に仲間を確かめ合う。認めて欲しいのだ。

認められたら、嬉しくなるようになっているからだ。

また、生命はいつも絶滅の危機に晒されてきた。危機に遭遇すると、動物も植物も、私たち人間も恐怖を感じる。どんなに科学が進歩しても、三十七兆個の細胞に浸み込んだ四十億年の恐怖心は消えない。

また、生命はいつも夢中で生きてきた。だから、何かに夢中になっている時が最も充実している。嬉しいのだ。

また、一握りの生命を残すために数えきれない生命が犠牲になった。犠牲になった生命は、生き残る生命に、「自分たちの代わりに、幸せになれよ!立派な子孫を残してくれよ!長生きしろよ!」と、願いながら死んでいったに違いない。四十億年の数えきれない生命の願いが、親を通して届けられてくるから、どんな生命の中にも、「真っすぐに伸びたい!幸せになりたい!立派な子孫を残したい!」という願いが溢れてくるのだ。

ただ人間は、そうなれない苦しみが続くと、どうしても心が歪んでくる。自己嫌悪に陥り、僻み、妬み、弱い人間に危害を加えたくなるのだ。こういう悲惨な事件は、今後ますます増えると思われる。幸せになりたいのに、そうなれない惨めさを、少しでも分かろうとする者が増えれば、彼らも救われるのではないかと思えてならない。

私たちのこの身体も心も全て頂きもので、四十億年の生命が生きて動いているのだ。

藤大慶先生の最後の言葉

私が、大きな挫折をし、死にたいと思う程の絶望の淵の真っ只中から這い上がれない状態にいた時でした。

そんなある日、目に入ってきた言葉に、雷に打たれたような衝撃を受けました。

『今、いのちが、あなたを生きている』（東本願寺　延塚知道　師の言葉）この言葉に、自分の愚かさを知らされました。

「こんな私は、生きていても意味がない。生きる希望もない。いっそのこと死んでしまいたい。と思っている今の私は、なんて愚かなんだろう！

自分の生命と思っているから、生命を自分で絶とうと思うのだ。

この生命は、賜りたる生命なんだ！

この生命は、仏さまからの賜りたる生命だから、自分で生命を粗末にしてはいけないんだ。私自身は、賜りたる生命の媒体でしかないんだ。」と、私は、思い知らされ、涙が溢れて止まりませんでした。このような私の話を藤先生は、「そうですか、そうですか…。辛かったですね…。よう、気づかれましたねぇ。」と、優しい眼差しで私を見つめながら、前述の言葉を話してくださいました。

そしてまた、「あなたのその体験が、同じような苦しみを持たれた方に寄り添えることができるならば、それはまた、有難いことですよね。」と、優しい眼差しと優しい微笑みとともに、慈しみの言葉をかけて下さいました。

そのような交流を深めて二十数年経ち…。

藤先生が亡くなられる前日に、電話が掛かってきました。

「あら、藤先生、入院なさった頃より随分とお声に覇気が感じられますねぇ。良かったですねぇ。」

と、私。

それに対し、藤先生は、こう仰いました。

「はい。お陰さまで退院が決まりました。そこで、あなたに大事な話があるので電話しました。〝アショカランド〟実現に向けて、資金の目途が立ちました。水谷 修先生のご尽力を頂いて実現出来そうなのです。

そこで、資金面や構想の件で、重要な会議をする事になりました。

その時には、あなたも一緒に来て欲しいのです。一緒に来てくれますね？」と。

「そのように言って下さるのは嬉しいですが、私は、肩書も知名度も何も無い人間ですよ。私のような無力な人間は場違いですよ。

藤先生は、私を欲目で見ていらっしゃる。勿体無いことです。しかし、私のような者は、何もお役に立てませんから、丁重にお断りさせていただきます。」と、私は、返しました。

「肩書や知名度なんて必要ありません。あなたのような人こそが、私にとっては、必要なのです。私と一緒に行って下さい。共に頑張りましょう。」と、藤先生は、懇願されました。

この言葉が最後になるとは、その時は、思ってもみませんでした。

藤先生がご入院中、藤先生の奥様である聖子坊守様と、毎日連絡を取り合っておりました。

その中で、資金の目途が立った事、及び、資金面や構想の件で重要な会議があるという事実はないという事を確認しました。聖子坊守様曰く、藤先生が夢を見たことを、恰も事実であるかのように錯覚してしまったのだろうとのことでした。

藤先生は、生涯かけて、苦しみ悩む人に寄り添い、慈悲深い温かな心を降り注ぎ続けられました。

そして尚、皆が支え合って生きる和の世界〝アショカランド〟をつくる為に、死ぬまで奔走されていました。

それも、夢の中でまでもそうであったことが、窺がえます。

そんな藤先生を、今でも師匠と仰いでいます。

こらからも、仏様となられた 藤 大慶先生のお導きを頂きながら、共に歩ませていただきます。

藤先生の御跡を辿りつつ、御恩報謝に努めてまいります。


『前（さき）に生まれんものは後（のち）を導き、後に生まれんものは先を訪（とぶら）へ』

親鸞聖人の言葉

合掌

飽くなき慈愛の光を降り灌いで

末本弘然

すえもと　こうねん
1951 年生まれ。
大阪大学文学部卒業。本願寺新報記者を経て、1983 年大阪府池田市の浄土真宗本願寺派正福寺住職に就任。
月刊誌「御堂さん」編集委員。仏教に基づく地域コミュニティー促進を目指す「ナムのひろば」を主宰し、さまざまな文化活動を展開している。
元・龍谷大学非常勤講師
2003 年７月　「るんびに苑後援会」常任幹事就任
2006 年７月　同副会長に就任
2023 年３月末　組織解散により辞任
2009 年７月　ＮＰＯ法人菩提樹理事長就任
2018 年10月　同法人「ナムの広場」と改称
2023 年３月末　同法人組織が解散により理事長を辞任
主な著書　『仏事のイロハ』『今昔ものがたり抄』（本願寺出版社）、『仏さまに出会う旅』(東方出版)、新刊で『日本の浄土オラクルカード』がある。

藤大慶さんは真っすぐな人である。自分をごまかして生きることができず、人の苦悩を我が事として受け止め、その打開、解消のために自らの労を厭われることはなかった。

学生時代には、ある女性の人生を翻弄し続けていた男のところへ乗り込んで決着をつけ、東京で国会議員の秘書をしていた時には、議員の裏の姿を知ってきっぱりと辞表を提出されたという。妙な言い方だが、世間で、人間が生きていくには「本音」と「建て前」があり、時と場合によってそれを使い分けるのが「生きる術」ということらしい。しかし、私もそうだが、藤さんにそういう生き方はできないということなのだろう。結局、東京時代の三年間は、ごみ収集の仕事から始まって様々な職種を体験されたが、生きる確かな手応えを得られないまま、日暮らしされていたようだ（ご著書『みんな真っすぐ伸びたがっている』参照）。

そんな藤さんに私がご縁をいただいたのは、大阪・茨木市の西福寺に入寺されて後、お寺で「悩み事相談」を始められた頃だった。一九八〇年（昭和五十五）頃ではないかと記憶している。当時、本願寺新報という旬刊紙の記者をしていた私は、寺活動の新しい試みとしてその「悩み事相談」を紹介しようと取材に訪れたのだった。

その五年ほど前に、東京から大阪に居を移し、ラジオ局の深夜番組でディスクジョッキーをされたという。元々、カウンセリングに関心を持たれていた藤さんは、リスナーから寄せられる悩み事の一つひとつに真摯に耳を傾け、寄り添い、そして心の底から叱られたという。今を生きる若者たちの生の叫び声を聞かれて、その悩みの深刻さを痛感されたのだった。
我が事として悩みを聞く対象は若者に限らなかった。問題行動を起こす子どもたち、戸惑う親たち、また地域の大人たちへと拡がり、教育や社会環境の問題までにも及んだ。藤さんがすごいのは単に聞き留めるだけでなく、その都度、いかにすべきかを考えて、すぐに実行される行動力である。地域の人たちに向けた「あいさつ運動」や「悩み事相談」、子どもたちを対象に開いた「るんびに日曜学校」等々。和太鼓が子どもの成長に効果があると確信されるや、迷うことなく青少年をよみがえらせるための活動に取り入れ、「るんびに太鼓」を始められた。

その後も、悩める青少年を生き生きと立ち直らせる活動は止まることがなかった。奈良県吉野郡の小学校の廃校舎で「短期るんびに苑」の合宿を実施し、「常設るんびに苑」建設に向けて「るんびに苑後援会」を発足させて協力者を集めての募財活動を展開される。開設場所の候補地探しは難行しながらも、ついに綾部市に常設の児童心理治療施設「るんびに学園」の開園に漕ぎつけられたのだ。その半端ない熱意の強さとエネルギーの大きさに、ただただ頭が下がる思いである。もちろん、一連の活動の裏には多くの支援者、協力者の存在があったことは言うまでもない。しかし、その方がたを動かしめたのも、やはり藤さん自身の真っすぐで淀みのない純な心だったのだと思う。

私個人も微力ながらも後援会でご協力させていただいた一人だったが、藤さんからも私の活動に心からのエールを送っていただき、精神的な支えとなっていただいた。もう十二年目に入ったが、自坊の隣接地を取得して文化会館を建設し、文化的、福祉的活動を展開する中で、地域の人びとに心の豊かさを味わってもらい、交流していただこうというのがネライだった。藤さんのご縁で、松尾正隆さんに会館事務の責任者になっていただいているだけでなく、藤さんご自身にも幾度か講演やご法話のご縁をいただいた上、三年前の住職継職法要の際には、息子である新住職にお言葉をいただき、大いに期待を寄せていただいているのを実感させていただいたところだった。

その時、八十歳にならんとする藤さんだったが、年老いてもなお、この世に悩める若者がいる限り、外れかけた道から戻って自分を蘇らせ、伸び伸びとした人生を送らせてあげたいという願いは衰えることがなかった。

その願いを実現するためには、一旦、踏み外して迷い込んだ道から戻って、安心して帰っていける生活空間が必要であると思われたのだろう。そういう誰もが必要とし必要とされる、いわば〝皆で支え合って生きる社会〟実現を期されたのである。松尾さんと進めてこられた「アショカランド」構想である。

その道半ばで、昨年、この娑婆世界からすがたを隠されてしまった。残念無念の気持ちで私の心は固まってしまったが、第一に、無念だったのは藤さんご本人だったに違いない。

何日か経ってから、西福寺さんにお参りに寄せていただいた時、阿弥陀さまの光明を浴びて輝いておられるご遺影に遇わせていただいた。その一点の曇りもない爽やかな笑顔は、今、光溢れるお浄土にいて、悩み苦しんでいるすべての人びとの心に届け！と、飽くなき慈愛の光を降り灌いでおられるお顔なのだと思い知らされたのだった。お念仏を申して、そのお心を我が胸に刻ませていただいた。

合掌

遠慶宿縁　得難きご縁に感謝

川内　八重子

かわうち　やえこ
出生　鹿児島県霧島市（巳年～三月生）
学歴　立正女子短期大学 幼児教育課卒業
経歴　東京都公立保育園々長、生涯現役保育士
埼玉県東部地区民生委員
東京都北組誓願寺仏教婦人会々長
『仏法ひろまれ なん舎』代表
著書　中西智海先生喜寿記念文書「一色一光」（寄稿）
（永田文昌堂 2011 年発行）

二〇一三年（平成二十五年）、定年退職の報謝行として、手次寺（東京都豊島区誓願寺）のご住職（岡本泰仁師）に、東京からお念仏の声を広めたく『遠慶宿縁～五時間法座』企画をご相談。「お寺は会場提供だけ。企画準備や講師依頼、段取り調整は全て私に一任させて頂きたい」の提案に、ご了解頂き行動開始。北は富山県から南は福岡県の講師十名が決定！当日は遠近各地よりのお聴聞の方々で、終始満員の本堂に、本願寺出版社からの取材記者様がビックリされていました。

次は「関東拠点の築地本願寺発にてお念仏の声を！」と思案中のところ、二〇一五年（平成二十七年）「全国布教同志会に入会」のご縁を頂き、更に「二〇一七年開催の東京大会の実行委員長」の役に恵まれました。二〇一六年（平成二十八年）実施の全国布教同志会「全国大会（大阪大会）」。「布教大会って何？」と、会員の方々とのご縁つくりや東京大会に向けて下見（具体的な気づきや課題発見）のため初参加をさせていただきました。

緊張しながら受付を済ませて見回すと、机の『るんびに苑』支援コーナーが目に飛び込んできました。藤先生の願いと共に、経過や情報等有難く拝見させて頂き感激・感動！　今、私にできる限りをさせていただこうと〈心ばかり〉を行動に移しました。そのことが、藤先生との有難いご縁の一歩となり、『るんびに苑』の様々なお知らせ情報が届くようになりました。また、京都で開催の記念式典等に参加させていただく度に、笑顔満面の藤先生の尊いお姿から『今、自分が出来る限りのやりたいことを精一杯に勤める』事と、《熱意と実行力パワー》を頂きました。

二〇一七年（平成二十九年）の有難い再会ご縁は、四日市市善正寺様の「毎朝のブログや毎月の寺報」にて、藤先生ご出講を知り、再会＆お聴聞を楽しみに参らせて頂きました。ご案内を頂き講師部屋にてご挨拶。先生の第一声が「あなたより協力依頼を頂いたG県S寺の掲示板設置の協力依頼について詳しく伺いたい。どうして東京誓願寺の門徒のあなたが、他県の寺院掲示板支援をなさるのですか？」と。

築地本願寺でご案内を頂いたS寺の春季法要参拝の折、遠方からの聴聞者が多く、地元住民が少なかったのでご住職に伺うと『私の寺のご門徒はお墓を大事にするが、なかなかお聴聞しないんですよ（諦め顔にて説明）』と仰ったのです。ご住職は各地の布教先で聴聞者が多数なのに（何でぇ!?）が最初のビックリ！でした。

帰り際、『本堂落成慶讃法要』［二〇一七年（平成二十九年）秋］のご案内を頂きました。この有難い法要を機縁として、地元住民の方々に《ナンマンダブツ》ご縁に遇って頂きたい。（目立つ伝道掲示板があると、通行中の方の目に《お念仏の言葉》が留まり、心に響くのでは〜。大きな伝道掲示板をお祝い贈呈出来たらなぁ）との思いを、ご住職にお伝えした所、「すべてお任せします」と快諾を頂いたのです。

築地の専門業者に相談し見積後、「伝道掲示板設置プロジェクト」を立ち上げ、ご縁を頂いた全国各地の寺院や法友様に、『①一口一万円より何口でも〜②ご賛同者は掲示板の裏面に《県名＆法名》〜手次寺坊守様の揮毫にて金文字で記載します。』〜との協力依頼状を発送させて頂いたのです。その時、藤先生より「そうでしたか。地元住民の方々のためなのですね。心ばかりですが、お仲間に入れて下さい」と、手渡しでお預かりさせて頂きました。

藤先生が退職直前、二〇二二年(令和四年)のご本山御正忌報恩講。参拝の最中、如来様メッセージの様に「今！　藤先生在任中の『るんびに苑』に行くチャンスですよ〜」の声が聞こえてきました。急ぎ厚かましく、『るんびに苑』〜藤先生に電話して訪問希望をお伝えすると「大丈夫ですよ。最寄り駅までお迎えの車を手配します。気を付けてお越しください」との温かいお言葉が返ってきました。お迎えを頂き、各部屋を丁寧に見学させて頂きました。感激したのはお仏壇の部屋でした。お念仏の声が響く空間が有り、藤先生から「仏さまのお話」が聴ける場が尊く有難く思われ、思わず「南無阿弥陀仏　南無阿弥陀仏」

その年、三月三十一日ご退任にあたり、全国ご縁（北は北海道〜南は福岡県）賛同者十三名様のおかげで、尊く有難い「祝☆遠慶宿縁〜賛同者の熱い南無メッセージ」を添えて豪華な「祝胡蝶蘭」を贈呈できました。

「一人では何もできないが、一人から創(はじめ)なければ何もできない」（仏教伝道カレンダー）

二〇二三年（令和五年）六月二十六日ご往生

☆藤先生とこの世でのお別れとなり、寂しい気持ちは消えないと思います。が、藤先生の熱い

思いと行動力は心に燃え続けると確信します。何故なら

「人は去っても　その人の微笑みは去らない
人は去っても　その人の温もりは去らない
人は去っても　その人の言葉は去らない
人は去っても　拝む私の手の中に還ってくる」のお言葉（中西智海師〜富山県）が藤先生のお姿と共に浮かんでくるからです。

藤先生の熱い思いや願いを、日々心で頂きながら自分流に「今！　できる限りを精一杯」に歩ませて頂きます。藤先生！　尊く有難いご縁を有難うございました。

南無阿弥陀仏　合掌

藤大慶先生……捨身ご報謝の菩薩道

渡邉悌爾

わたなべ　ていじ
1945年（昭和20）生まれ
三重県四日市市・善正寺住職
三重大学名誉教授（同大学人文学部長、理事・副学長歴任）
前全国布教同志会会長
著書；『思い出さずに忘れずに』（父・尚爾との共編著；探究社）『言葉の華籠』（坊守・充子との共著；百華苑）、『随縁つれづれ　春夏秋冬』（本願寺出版社）、『虫の眼　鳥の眼　仏の眼』（坊守・充子との共著；自照社出版）、『一縁会テレフォン法話集』（共著；探究社および自照社出版、40年間に20冊発行）等昨年六月、藤大慶さんから突然電話があり、「私今から入院します。ついては、秋(十一月二、三日)にお約束させて頂いていた善正寺様の報恩講さまの御法話できないと思いますので、申し訳ないですが、キャンセルさせて下さいませんか……」というお話であった。言葉もはっきりしていて、さほど重態とも思えなかったので、「それは残念ですね。どうぞお大事に、またの機会を期待しています」と申し上げ、電話は終わった。それが、最後とは想像すらできなかったが、何日か後に、どこからか藤大慶さんご逝去の情報が伝わり、唖然とさせられたのでした。

藤大慶さんとは、随分前に三重県の榊原温泉で開催の「温泉説法の会」にご講師として来られて、熱心なご法話を聴かせて頂きました。それが初対面でありましたが、「青少年問題」に真剣に取り組んでおられる熱意、情熱が伝わってきました。何よりも「青少年に仏さまの心を届けたいと、一生懸命に考え、動いておられる念仏者なのだ」という印象を抱き、対面でお話しすると付け焼刃でない、波乱の人生経験を経て学んだ念仏者の自覚が根底にあることを感じさせられたのであります。

初対面以降、藤大慶さんが住職を務める茨木市の西福寺さんのご法座に布教を頼まれて参上したことがあり、私ども、善正寺にも藤大慶さんを法要の講師として何度もご出講をお願いすることとなりました。親しくお話しできるうちに、彼が奈良県の吉野で夏季合宿の「るんびに太鼓」

の体験学習会を何度も開くうちに、もっと恒久的な「青少年よみがえりの村」の施設を探し、本腰を入れて活動したいと熱望しておられるのを知りました。熱心に施設の必要性を説いて立地の場所を探し回り、京都府綾部市に「るんびに苑」を設立されることになったのは、誠に幸いであり、継続的な支援の組織も整備されるようになりました。彼の熱意に心動かされ、応援しようという人が増えていったのは、誠に嬉しい限りであり、私も及ばずながら支援組織の会員になり、毎年僅かながら会費を拠出し続けてきました。

綾部市の「るんびに苑」には志ある沢山の職員さんが集まり、入所して学び立派に成長して巣立っていく若者たちが増え始め、社会的評価も次第に定着していったものと伺っていましたが、藤さんの目指すところはそれだけにとどまらなかったようであります。

一昨年、長らく務められた「るんびに苑」の施設理事長を後継者に譲り、更に理想とする青少年のよみがえりを願う「アショカランド」の建設を目指して奔走するようになられました。かなりご高齢の身になられても尚止まることを知らぬ藤さんは、あくなき求道者のごとく走り続けようとされたのでしょう。

それは、浄土真宗の宗祖・親鸞聖人が御本典『顕浄土真実教行証文類』を長い間かかって完成の後も、老境をものともせず、最晩年に至るまで三帖和讃の撰述をはじめ、沢山のお聖教の撰述や門弟との書状のやりとりを苦にせず、生涯を燃えつくしてひたすら真実の道を求めて往生のその日まで生き抜かれたお姿に二重写しとなって、重なるものがあります。どなたかが「まるで菩薩さまのような人」と言われたが、私にも真実そう思われてなりません。

藤大慶先生、長い間誠にご苦労さまでした、と申し上げるほかに言葉がありません。あなたの捨身ご報謝のご苦労、ご尽力により、沢山の若者たちが更生し、立派に「るんびに苑」を巣立っていったことでしょう。そんな方々があなたの菩薩道に触れ、社会の一隅を照らすようにがんばっておられます。更に理想とする「アショカランド」の創設はならなかったとしても、「るんびに苑」においいて不思議の仏縁に学んだ方々が世の中の光として活躍しておられることを以て、あなたの求道の御生涯は不滅の光を放っているのではなかろうか、と真実思うものであります。

合掌

南無阿弥陀仏　南無阿弥陀仏

安楽土よりの無言の声

梶原佑倖

かじはら　ゆうこう
1941 年生まれ　北海道函館市出身
1964 年　國學院大學文学部文学科日本文学専攻卒業
（学士論文「夢窓国師御詠草の研究」）
梶原商店 4 代目社長に就任
2004 年　龍谷大学大学院文学研究科修士課程真宗学専攻入学
2006 年　同大学院修了
（修士論文「滅罪と救済一聖道・浄土のかはりめ一」）
（同 副論文「大愚良寛の回心」）短歌結社「原始林」所属
作詞家（ペンネーム：高橋　操）全国布教同志会 北海道支部長
本願寺派光圓寺（富山県砺波市）衆徒　浄土真宗本願寺派布教使
【著作】『禅から念仏へ』（百華苑 /2007 年）・『吾子召喚』（「自照同人」第 33 ～ 35 号 / 自照社 2006 年）・『長男の声に導かれて』（「万華鏡」自照社 1008 年）・『家持における無情と無常』（「國學院大學文学会会報」37/1963 年）・『飯田先生と良寛さま一み草ふる道一』（「飯田利行博士古希記念東洋学論叢」/ 国書刊行会 1981 年）など

「藤大慶さんに、菩薩を観る」…水谷修先生のお言葉が胸にずしりと響く。
まさかの訃報が届く。ほんの少額のご支援に藤先生の懇ろなお便りを頂戴した日から間近だった。「アショカランド」に夢馳せていた私は愕然とした。何かが音を立てて崩れる。穏やかな慈しみに満ちたご尊顔をお偲び申し上げ合掌お念仏申すばかりだった。

煩悩を具足せる凡夫人、仏願力によりて信を獲得す。
この人はすなはち凡数の摂にあらず、これは人中の分陀利華なり。
この信は最勝希有人なり。この信は妙好上上人なり。(『入出二門偈』)

『みんな真っすぐ伸びたがっている』(藤大慶先生著)第八章「ようこそ、ようこそ」二一五頁の〝妙好人・源左との出会い〟に「ありがとうござんす」とある。今私共は、分陀利華・最勝希有人・妙好上上人なる藤大慶菩薩さまに「ありがとう　ごめんなさい」と。

安楽土に到れば、かならず自然に
すなはち法性の常楽を証せしむとのたまへり。(同偈)

藤先生は今、お浄土から何を私共に語りかけておられましょうや。還相のお声を確と頂かねばなりますまい。親友（しんぬ）なる松尾正隆氏のお言葉に深く感ずるところがあった。

「故藤大慶師を偲ぶという過去形ではなく、大慶の遺志を伝えるという未来形の…」お悲しみの中から毅然と前を向かれ、還相を受け止めようとされる友情・真情のお言葉。〝「アショカランドの夢」実現は断念いたすことにいたしました〟……。一世百年が無理であっても必ずや将来完成することを信じたい。否その方向へ今から歩を進める同志でありたい。

近々のニュースで政治家、何十億円の。熱狂するプロスポーツ界の〇〇億円。悲しいことだ。藤先生が全国を歩かれ、この「村」の実現のため頭を下げられたお姿。恵まれない子等のために一身を投げ打って行脚された山河。「るんびに学園」様の次の理想実現のため命を懸けられた。法蔵菩薩さまの願のように。

釈迦・諸仏、これ真実慈悲の父母なり。
種々の善巧方便をもつて、われらが無上の真実信を発起せしめたまふ。（『入出二門偈』）

「発起」なされた藤先生。私共への願、正しき道、理想の「村」実現のために生きよと。これこそが「真実信」なのだと。安楽土よりのお声、無言のお示しである。私ごとにて大変恐縮であるが、御著『みんな真っすぐ伸びたがっている』に登場される「友田不二男先生」（三十六頁）に六十年前、一年間授業を受けるご縁を頂いた。教室に入られてから教室を出られるまで、先生は一言も発せられなかった。毎回毎回である。無言。無言。皆ざわめく。今思うに、凄いことだったのだと。天意を仰げ己の正体を見よと。煩悩具足の凡夫人。汝。己が一番可愛い。おれがおれが。損か得か。自分にとって利があるか。

「欲もおほく、いかり、はらだち、そねみ、ねたむこころおほくひまなくして、臨終の一念にいたるまで、とどまらず、きえず、たえずと」（『一念多念証文』）

友田先生のお声になされないお念仏のお姿だったのではないかと。藤先生は、このご本の中に赤裸々にご自身の凡夫の性を語られている。弱いその己の姿から見た不遇の子等が愛しくてならなかった。

たとへば一人にして七子あらん。この七子のなかに一子病に遭へば、父母の心平等ならざるにあらざれども、しかるに病子において心すなはちひとへに重きがごとし。大王、如来もまたしかなり。（『教行信証』信巻）

「仏すなはち慈念したまふ」（同）藤大慶師は大慈大悲をもって行動なされた。

親鸞聖人（一一七三〜一二六二年）と道元禅師（一二〇〇〜一二五三年）は、五十三年間同じ

空気を吸われた。道元禅師は『正法眼蔵』に記される。藤先生の利他行そのもの。

利行といふは、貴賤の衆生におきて利益の善巧をめぐらすなり。
たとへば遠近の前途をまもりて、利陀の方便をいとなむ。
窮亀をあはれみ、病雀をやしなふし。窮亀をみ、病雀をみしとき、
かれが報謝をもとめず、ただひとへに利行にもよほさるるなり。
愚人おもはくは、利陀をさきとせば、みづからが利、はぶかれぬべしと。
しかにはあらざるなり。利行は一法なり、あまねく自陀を利するなり。

（『菩提薩埵四攝法の巻』）

平成二十七年六月「全国布教同志会」全国大会が当地函館で開催された。会場の本願寺函館別院の本堂は六百余名の聴聞者に溢れた。藤先生は遠路京都よりご参加なされた。その夜の懇親会は、湯の川温泉「湯元啄木亭」だった。偶然ではあったが、湯壺で二人だけの会話となった。大会準備等々疲労困憊の支部長を温かく労って下さった。ご尊敬申し上げる藤大慶師のお声が今も残る。

南無大菩薩

生きる希望！ 愛とロマン！

藤大慶先生 感謝しかありません！

大島辰哉

おおしま しんや
綾部市立東綾小中学校分教室 室長
綾部市出身。小学から高校まで綾部で過ごす。大学卒業後、「京都子どもを守る会」で2年間活動を行う。その後京都府の中学校社会科教員として採用され、府内南部や北部の中学校にて26年間教鞭を執る。10年前に藤大慶先生に請われ東綾小中学校分教室に赴任する。分教室の室長として現在に至る。

藤大慶先生との出会いは、今から十四年前。私が東綾中学校に勤務していたときです。

私は、中三生の学年主任（生徒指導・進路主任）として、当時その学年担任である伊賀真志先生と教育活動を共にしていました。そのときの三年生は、十数名という少人数ながらもたいへんな課題をかかえていました。不登校・学力問題・大人への不信、反発等々何をしても自信がない。そのような子どもたちに悪戦苦闘しながらも、エネルギーを注ぎ込み寄り添い、粘り強く信頼関係を構築する日々が続きました。そしてようやく卒業式を迎えることになりました。卒業式において卒業生を代表して、ある男子生徒が卒業するにあたって学年全員の思いと決意を答辞で述べてくれました。

そこには、「自分たちの力だけでここまで成長できたのではありません。仲間や先生方、そして何よりも親や家族の温かい励ましと支援のお陰でこうしてクラス全員で十五の春を迎えることができました。」と感謝の気持ちを滔々と伝え、未来に向かって力強く生きていく決意を発表してくれたのです。もちろん会場は感動の渦にありました。そのときです。厳粛な空気の中にあって、来賓で来ておられた一人の男性が大きな拍手をされました。その拍手に続き拍手の音が体育館全体に鳴り響きました。拍手を真っ先にされた方こそが藤大慶先生だったのです。一瞬にして、子どもたちや私たち教職員のこれまでの思いを理解していただき、拍手でエールを送ってもらったのだと確信しました。藤大慶先生という人が分教室の教職員にとって、特に私にとって人生かけがえのない方になった瞬間でもありました。

四年後に、藤大慶先生に「分教室に来てもらえないか」と仰ってもらい、意を決して同僚でもあり「心友」の伊賀真志と一緒に分教室に赴任することになりました。その後、藤大慶先生に導かれ子どもたちと分教室教育のために全力をあげてきました。常に励ましと惜しみない分教室への物心両面での援助の数々。分教室の教育環境や人的配置は、大きく前進することになりました。藤大慶先生が常に求め続けられてきた「子どもたちの幸せ」「愛とロマン」藤大慶先生の存在は、私たちにとっては大きな希望でした。藤大慶先生！ほんとうに感謝しかありません。ありがとうございました。安らかにお眠りください。

※藤大慶先生が二〇二〇年十二月八日に「愚か者の足跡」を執筆されたときに、その感想をお手紙でお伝えしました。その文章を掲載させていただきます。

「愚か者の足跡」を読んで

前略　藤理事長先生には、分教室教育の改善・発展に向けて物心両面において気にかけていただき、また多大なるご支援をいただいておりますことに感謝しています。心からお礼を申しあげます。

さて、先生がまとめられました渾身の作ともいうべき人生の足跡の記録を読ませていただきました。三回ほど繰り返して目を通し、できるだけ先生の思いを受け止めようとしました。

先生ご自身がまさに波瀾万丈、壮絶とも言える凄まじい人生を生きてこられたことに、私が知らなかったことも多く感動・敬服しているところです。幼少期のこと、防衛大学校での体験、仏教との出会い、カウンセリングで学ばれたこと、ＤＪを通しての悩み事相談活動、議員秘書、子育て体験・青少年支援の地域活動・阪神淡路大震災での支援のあり方、そして青少年のよみがえりの場である「るんびに学園」の創設。さらには「るんびに牧場」へと続く壮大なロマン。先生の限りない人間愛、リベラルで柔軟な思想・世界観、そして子どもへの無償の愛情等々は、先生の今までの人生体験に裏打ちされたものだと確信しました。

子どもたちは正直です。理事長先生のことが皆大好きです。理事長先生を見つけると遠くからでも「あ、理事長や！」と言って手を振り、自然と笑顔になっていく姿を何度も目にしました。理事長先生から発せられる全てのものを受け入れられるオーラを感じているように思われます。

また、子どもたちが生きる社会や、そこに繋がってきた歴史をどう捉えるかということについても、先生のお考えにほんとうに共感することばかりです。あるとき、沖縄の辺野古基地建設反対の署名のことについて述べられたことや、今の日本社会に巣くう「日本会議の正体」という青木理さんの本を紹介された時に、全く同じ思いを抱いていた私は「全くその通り！」と嬉しく思ったことを覚えています。先生をより身近な存在に感じました。子どもが生きる社会は平和で民主的な社会であることが大前提だと思うからです。

また、子どもへの関わり方や実践面においても、冊子を読ませて頂いて常に私自身が思っているようなことがまとめられていました。「相手が変わるのではない。自分が変われば相手は変わる」

そして、どう変わればいいのかについての先生のご教示も、教育者の実践の指針ともいうべき内容です。全てに共通するのは、「互いの信頼」であり「人としての謙虚さ」や「共に考えること」ではないかと思っています。子どもたちは、自分を認め愛してくれる大人や支援者を必要としています。

るんびに学園に入所してくる子ども達は、「自分のことを認めて欲しい！」「僕はここにいるんや！」「(先生) ぎゅっと抱きしめて！」ほんとうに愛に飢えている子ども達ばかりです。それぞれの子どもが、それぞれの理由や背景を持っています。その子ども達がただ今の日常生活に適応するだけでなく、世の中という厳しい人間社会の中で、社会に適応することに止まらず、人に頼り頼られ、自分なりの幸せを見つけて生きていってくれることは私たちの願いです。るんびに学園はその基盤を作るところだと思っています。入所しているときだけ情緒を安定させるとか、人と揉めさせないとか、またそれ相応の知識を身に付けさせたりするだけでは不十分だと思います。

私自身もるんびに学園分教室にお世話になるようになって七年目になりますが、子どもがこの施設を出たとき、将来を展望して原籍校や高校等など次のステージで上手く生活をしたり、生きていくためには何が必要か。どんな力を付けてやれば良いのか模索し続けてきました。例えば受け持っている社会科の授業では、地理・歴史・公民の内容や学年の枠を超えて、将来主権者として必要な教養・世の中で起きている社会的な事象の見方・考え方、また平和で民主的な世界や日本、社会のあり方とは?といったことを念頭に授業を行ってきました。分教室の中学生は、時事問題についてはどの中学校の生徒にも負けないくらいの力を持っていると自負しております。知識中心の狭義の「学力」ではなく、まさに「生きる力」を身に付けていくことが大切だと思っています。

　現在のるんびに学園は全国に誇るべき施設、また分教室だと思っております。数多くの子どもたちの居場所となり、ＳＯＳを発している子どもたちを救済してきました。しかし、まだまだ発展途上にあり、ハード・ソフト両面においても抜本的な改善が求められていると思います。一方で学園と分教室の協力や連携も数年前に比べると内実共に大きく前進しました。

　更には、理事長先生が展望されている「るんびに牧場」の構想は、理想郷であり、実現できれば全国の子どもに関わる施設・学校の「灯台」ともなることでしょう。私自身、先生が語られるお話に夢とロマンを感じ、分教室の一人の教師として同僚と協力して頑張ってきました。「るんびに牧場」の計画が関係者の皆さんにとって、現実のものとなるよう心から願うと共に、分教室ではその牧場計画の第一歩として犬を飼うために「合意形成と条件整備」に向け努力しているところです。

　後になりましたが、理事長先生のご健康を心から願っております。どうかご自愛ください。そして、また呑みにご一緒できれば嬉しく思います。
　※ＰＳ　るんびに学園の「核」となられる方と、まずは一緒にるんびに学園や分教室の現状や今後の展望等が気軽に話ができたら良いかと思っております。

第４章　社会福祉法人設立までの紆余曲折

設立要件を満たすための課題山積。難航した行政との折衝。
歯を食いしばって成し遂げるのが藤さんと私の命題である、
と気を持ち直すことしきりであった。
何と奥の深いことか。
藤さんとの二人三脚が二十八年間も続くとは
想像もつかないことであった。
何度も大きな壁に直面するも
「救いの神」は存在して救って頂いた。
そのお蔭で藤さんの手中にできた「法人認可書」が
歴史の一頁を飾った。

設立要件を満たすための課題山積

二〇〇一年八月九日（木）、藤さん運転の車で京都府庁へ向かった。旧庁舎の会議室、天井は高く、いかにも歴史を語る建物の中であった。本日が第一回目の協議である。協議は主体窓口が地域福祉・援護課となり、協議の段階で必要関係窓口担当者の選定もして頂くことで、無駄な会議にならないように配慮もして頂いた。

会議の席で、地域福祉・援護課のN課長から「実は近年の事例ですが、丹後町であるお坊さんが社会福祉法人を設立して老人ホームを作ると進行していて、ある日突然にそのお坊さんと建設資金が消えてしまった」との話を出され、他府県のこのお坊さんと経営コンサルタント（藤さんと私）は詐欺師ではないかとの疑いの眼差しを向けられたのである。以来、担当の課長補佐と主事に会うたびに「まず疑ってかかる」姿勢には霹靂した。

人間、善人か悪人かの判断は一度出会って対話をすれば判断できるものであると私は思っている。藤さんと言うお坊さんを類似の悪人と重ねるなんて許しがたい思いであった。

まず、設立要件を満たすことから始まった。

①　施設設置計画書が明確化されていること。
②　施設建設の資金があること。

③ 施設建設補助金の場合、その団体の確約書が示されること。
④ 分教室については、綾部市の教育委員会との話がついていること。
⑤ 施設建設地の周辺の住民の理解を得ていること。
⑥ 施設運営の責任者は有資格者であること。

法人設立認可を事務手続き程度に考えていた二人には、背伸びしても届かないハードルの高さをまざまざと見せつけられたのであった。窓口が示す条件を一つひとつクリアしていくしかない。資金のない二人が挑戦するには余りにも無謀としか言いようのない難題であった。

難航した行政との折衝

同年八月二十八日（火）、第二回目の協議に入った。この日は藤さんに都合悪く、綾部のスタッフ・十倉さんに同席してもらった。

窓口責任者のＴ課長補佐から

① 協議の席には代表責任者（藤さん）が同席の上、意思決定してもらわないとダメ。
② 資金計画の目途がついたとは言え、

・六百万円の裏付け書面を出せるのか？
・一億一千万円の借入金返済計画書が出せるのか？
③日自振が対応可能と言うが間違いなく申請できるのか？
④役員候補者で、理事長と常任理事の違いは何なのか？
⑤資格要件は、福祉と学識経験者のいずれかが望ましい。

同年九月十八日（火）、第四回目の協議、藤さんと二人で出向いた。

①綾部市教育委員会との協議状況を報告
②定款の素案に目を通して、次回コメントするよう要請
③役員の選任と承諾書、履歴書を添付すること
④監事については福祉に関係する方を選任すること
⑤建設資金の計画について設計会社の説明資料を提示すること
⑥不足資金の調達について
⑦補助金の申請について

⑥⑦については持ち帰り検討することとした。

同年九月二十七日（木）、第五回目の協議、設計会社の代表者・徳丸社長に同行してもらった。

①　前回、指摘の設計会社の説明資料を徳丸社長から提示、説明して受け止められた。
②　役員選任について、別紙でリストを提示した。
③　資金計画は現状流動的なので、本年秋口までに明確にしたい。
④　日自振の補助金申請については、日自振の窓口と折衝中であること。

同年十月二日（火）、第六回目の協議、京都府庁に入る前に設計会社の徳丸社長とすり合わせを行って協議に臨んだ。今回藤さんは別件で出席できなかった。

①　役員（十五名）の名簿と履歴書を提示
②　日自振への補助金申請書類を提示
③　建設計画について、徳丸社長から概略を説明

翌日、早朝から申請書類の修正処理を行い、午前十時半に藤さんに来宅してもらって作戦会議。特に資金不足について、「社会福祉・医療事業団」からの借入相談を具体化することを決めた。

そして、明日の第七回協議のための懸案の資料を作成して、その間、京都府の地域福祉・援護

課のK主事と児童保健福祉課のN主幹とFAXにて書面のキャッチボールを重ね、夜の七時に藤さんと徳丸社長（堺市・車で約二時間の距離）に来宅願って次の事項について確認し合い、明日の京都府との協議の作戦を立てた。

① 分教室は、文科省の管轄下のために補助金はつかないことが明確になったので、「自立訓練棟」として計画を修正、補助金の対象にしてもらえるよう働きかけることとした。
② 議事録に資金計画のことを明記すること。
③ 運営規則を作成して、理事の責任を明文化すること。
④ 京都府と協議中であることを書面化すること。
⑤ 建設用地の所有権の名義移転登記後の謄本をあげること。

同年十月四日（木）、第七回目の協議に藤さんと綾部のスタッフ・十倉さんと三人で臨んだ。

① 日自振の申請書類について、図面の文字修正が出来ていない。
② 資金計画について、消費税の取扱が不明確、不足資金の調達方法と返済計画を明確にすること。
③ 施設の初度調弁費の見積書が必要

席上、じっと聞いていた藤さんが突然怒鳴りつけた。

「あなた達はどうしてもっと懇切にアドバイスが出来ないのか！　私も松尾さんも法人設立申請は初めての体験です。提示する書類一つひとつにケチをつけるようなことばかり。あなた達はこれが仕事なんだから、ド素人相手を馬鹿にするような発言ばかり。いい加減にせんか！」と、怒りをぶつけた。

私は、行政職を前に怒鳴りつけた藤さんをはじめて見た。私も暇人ではない。本業を遂行しながらの申請手続きである。いまや追い込みに入り夜なべ仕事の連続であった。役所相手の仕事は複雑な書類をやたらと作り、国民はその書類を書かなければ許認可も補助金ももらえない仕組みである。逆に言えば、その書類を見栄えよく、きちんと書いてすべてが揃っていればお金が下りるのである。よくある「不正受給」である。

しかし、るんびに苑の場合は、この施設建設に全国のご支援・ご協力の会員が三千人からの〝善意の輪〟が見守っておられるのでサジを投げ出す訳にはいかない。歯を食いしばって成し遂げるのが藤さんと私の命題である。と気を持ち直すことしきりであった。

いざ嵌ってみると何と奥の深いことか。藤さんとの二人三脚が二十八年間も続くとは想像もつかないことであった。

学園建設へ向けて

▲我が家で。中央が川勝和幸氏　2004.4.30

▶設計コンペで現地視察と
▼施設の概要説明会
2001.7.2

資金計画の辻褄合わせでピンチに

後援会のご協力金の平成十三年三月末現在の残高は、一億七千五百万円であった。すでに用地買収で土地購入費として三千万円を支払って、自己資金の残高は一億四千五百万円で、施設建設総予算は四億五千万円、不足金が三億五千万円という現状であった。

るんびん苑後援会の役員会に実情を説明すると、世の中はますます不登校児童は増大の一途にあり、資金が集まるまで待っとったら十年以上はかかるのではないか。一刻も早く施設を作る事を第一義に考えて、皆さん、今は借金してでも施設を作るべきではないでしょうか。と、某役員さんが声を大にして訴えられた。参集の役員諸氏に異論をはく者はなかった。

こうして、不足金を社会福祉・医療事業団（現・福祉医療機構）から借入することを決議されたのを受けて、二〇〇二年（平成十四）三月十五日（金）、社会福祉・医療事業団大阪支店を訪ねた。面談頂いた奥村調査役は、京都府から概略のお話は伺っております。素晴らしい事業の展開をなさるのですね、と全面的に協力する姿勢を見せて頂き安堵した。忘れがたい出会いであった。

後援会のご協力金は、平成七年度からの七年間の金額は、

・平成　七年度　年会費　六、六一〇千円　寄付金　五、〇四〇千円
・平成　八年度　同　　　六、四二〇千円　同　　　四、一二八千円
・平成　九年度　同　　　五、九一〇千円　同　　　四、八七五千円

・平成　十年度　同　五、七六〇千円　同　三、九九三千円
・平成十一年度　同　五、〇〇〇千円　同　五、九三〇千円
・平成十二年度　同　六、三二七千円　同　二三、九四三千円
・平成十三年度　同　八、五一三千円　同　三八、九一四千円

この数字を見た奥村調査役は、これだけの支援があれば返済は可能ですね。二十年償還で、一億五千万円までは融資できます。借入金は「社会福祉法人るんびに苑」ですが、その返済資金を二十年間「るんびに苑後援会」が助成すると言う契約書面を作ることです。利息は京都府にもってもらうよう交渉されたら宜しいですよ。と、懇切丁寧にアドバイスも頂戴出来たのであった。

但し、ここでも沢山の申請手続き書式があった。

日自振の福祉補助金が、一億六千五百万円の確約を頂いているので、後は自己資金、一億三千五百万円とで四億五千万円の見通しが立った。

ところが、京都府に借入金一億五千万円の申請に反論された。T課長補佐は、

「後援会の年会費は、実績値が五百万から六百万円だから、毎年の返済能力は最大に見積もっても五百五十万円です。よって社会福祉・医療事業団からの借入金は一億一千万円にして下さい」

と言った。

私は怒り心頭になるのを押さえつつ反論した。

「よく、しゃあしゃあと言いますね。貴方は三年くらいでポジションを移動されますが、藤と松

尾は二十年間、借財が消えるまで生存しなければならない。二人とも完済の時は八十歳を超えます。医療事業団が貸付限度額を示しているのだから、目を瞑って受付けたらどうですか」

「それは出来ません。藤さんは法人設立認可を欲しいんでしょう」また、脅し文句を並べた。この女性課長補佐さんは、表面の顔は笑顔を見せておられるが心は冷たい、鬼のような人である。

仕方なく、再度資金計画の練り直しとなった。四千万円をカットされたために、実際には三千六百五十万円が足りない。藤さんと私は急遽綾部に向かった。そして、京都銀行綾部支店を訪ねた。ここには建設準備金として普通口座に三千五百万円の残高がある。支店長室に通されて、私は言った。

「建設資金があと、三千六百五十万円が足りません。六百五十万円は後援会の役員有志に相談できますので、三千万円をお借りする術をご相談に来ました」

すると支店長は「るんびに苑さんは内に定期口座と普通口座に預金をお持ちですので融資は出来ます。ただし、後援会は任意の組織ですから貸せませんが、藤さん個人にお貸しできます。担保として綾部市在住の資産をお持ちの方二人に保証人になって頂ければ貸付可能です」とのこと。

そして、「これは私の独り言として聞き流してください」と。

二人が聞き耳を立てると「当行で残高証明書を発行してから、三千万円を引き出して、隣の信用金庫に口座を開設してその三千万円を預け入れます。そして残高証明書を発行します。すると、自己資金が六千万円になります。……」と。

そうか、藤さんと私はこの支店長の独り言を真に受けて実行したのである。

救われた四方市長の援護

そして、十月十五日（月）、京都府の第八回協議に臨んだ二人である。今回は珍しくN地域福祉・援護課長も同席された。

資金計画書の練り直し版と銀行の残高証明書を提示した。すると、T課長補佐が「松尾さん、銀行の通帳を見せて下さい」という。

「るんびに苑は善意の輪の結晶が口座の通帳です。その通帳を見せろとはどういうことですか。銀行が発行した残高証明書が唯一の証拠でしょう。私は見せる気はありません」

「松尾の言う通りです。北は北海道から南は九州の鹿児島県まで、私が募財のために行脚して得た〃善意の輪〃の結晶が預金口座の資金です。貴方は何処までも私と松尾を悪人扱いの目でしかものを言えない方ですね」と藤さんも強い口調で言った。

二通の残高証明書に目を通したN課長が「藤さん、この二通の残高証明書は発行日が一日違いで発行されています。これは〃回し口座〃といって、既存の銀行で残高証明書を発行して、ある金額を引き出して別の銀行に預け入れて残高証明書を発行するといった手口を疑っているんです」と。

万事休す！　ぐうの音も出なかった。

「このようなことでは法人認可は出来ませんね。どうしても認可に繋ぐのでしたら『顛末書』を書いて下さい」

「今晩ひと晩だけ考えさせて下さい」と私は申し出て二人は府庁を後にした。

車を走らせた藤さんが「寄氣会長の所へ行こう」と、大阪市東淀川区の覚林寺へ向かった。夜の七時半過ぎであった。藤さんは事の顛末を申し上げて「法人設立は出来なくなりました。申し訳ないことです」

寄氣会長は「物事は成るようにしか成らん。お二人がここまで頑張ったのだから、会員の皆様も役員諸氏も認めてくれます。気を落とさず次の手を考えましょうや」と、寛大なお心で受け止めて頂いた。

私は九分九厘ダメでも一厘の余地が残っている以上諦めない。『顛末書』を書く事は私の人生にとって最大の恥ではあるが、今晩、その顛末書を書いて再挑戦する決意をしたのであった。

覚林寺からの帰路、藤さんに「綾部の四方市長に今度のことを話して、何とか継続協議になるよう援護をお願いしてくれませんか。私は京都府に受け容れられる『顛末書』を書きますので…」

四方市長はすぐに対応頂き、京都府の総務部長にお願いしたので、顛末書を持って窓口担当者の所へ出向きなさい。との連絡を頂いた。

早速、十月十七日（水）、京都府庁へ出向き、T課長補佐に「顛末書」と資金計画書の修正版を手渡した。こちらはぶん殴りたい気持ちなのに、相手はニコニコしている。私は引き際に「私は貴方を尊敬できません。貴方を府民の窓口業務から切り離してもらうので覚悟しといて下さい」と捨てゼリフを投げて帰ってきた。

結局、自己資金は、三千万円を京都銀行から借入金（有利子）、保証人には四方市長からお二人に引き受けてくれるように頼んで頂き、借入の手続きがスムースに運んだ。

後は六百五十万円を後援会の役員有志にお願いすることにして、十月二十六日（金）、津村別院で臨時役員会を開催して、これまでの進捗状況報告と資金計画について、建設総資金四億五千万円に対し、

① 日自振から福祉補助金として、　一億六千五百万円
② 医療事業団から借入金として、　一億一千万円
③ 京都銀行から借入金として、　三千万円
④ 自己資金（募財）残高として、　一億三千八百五十万円
⑤ 不足金として、　六百五十万円

この六百五十万円を役員の皆様で、無利息無期限で貸付て頂けないでしょうか。かつて「借金してでも建設すべし」と声を大にした方は影を潜めておられた。結果は五名の方に了解頂き、

三百万、百万が三人、五十万で計六百五十万円が出来た。この個人の借入金は、最優先的に返済し、翌年の平成十五年に二人、平成十六年に三人の方に返済させてもらった。

京都府知事より法人認可通知書を拝受

同年十月二十九日（月）、第九回目の協議に二人の他に、綾部市のS次長、N課長、京都府綾部保健所のT次長、滝下測量事務所の滝下社長と設計会社の徳丸社長の七名で臨んだ。

今日はT課長補佐の顔はなかった。

①現地の環境問題について

滝下社長と徳丸社長が説明をして了解された。

②資金計画について

再度、計画書の修正版を提示して、建設総予算額を確保できたことを認めてもらった。

③役員（理事）十五名のうち、大阪在住の方が藤さんと松尾さんを除いて三名いらっしゃるが、本事業に関与される度合いを文書で説明して下さい。また、個別面談があることも承知おき下さい。

本日の協議で、法人設立認可申請書類、社会福祉・医療事業団の借入金申請書類がまとまり、行政での処理に委ねることになった。

八月九日の第一回から第九回まで、この三ケ月間は本当に密度の濃い、そして一喜一憂の苦しい体験であった。藤さんも良く堪えられたと感心したものである。

翌年、平成十四年四月三十日（火）、京都府地域福祉・援護課より連絡で、藤さん、川勝さん（施設長予定者）と三人で出向いた。

書類審査が終わったので正式に申請書類に押印のうえ二部提出するよう要請があった。併せて医療事業団への申請書類も同様に二部提出するよう要請があった。

また、建設準備とスケジュールについて、入札業者の選定基準に基づき至急修正処置をするよう要請があった。本件は、五月二日（木）に綾部市で、第三回入札委員会と第三回設立発起人会を開催し、指名業者選定基準と業者選定について修正案を議決した。

かくして、二〇〇二年（平成十四）五月二十二日（水）、京都府知事より認可通知書〈京都府指令四地域第五五二号〉を拝受した。

日本自転車振興会・四方常務理事とのご縁

東京の出張から帰られた、綾部市の四方八洲男市長から「東京へ行ったので、当地出身の四方和幸君（日本自転車振興会の常務理事）に会って、るんびに苑のことを話してきた。藤さん、松尾さんと至急上京して、四方常務理事に福祉補助金のことを相談に行ってきなさい。」と、ホットニュースを頂戴した。

この自転車振興会は、競輪・オートレースの収益金を社会事業に支援している補助事業の団体組織である。

二〇〇一年（平成十三）六月二十七日（水）、藤さんと二人で上京した。事前に訪問のアポを取っていたので、四方和幸常務理事が待っていて下さった。「概略は四方市長から伺っております。素晴らしい事業を展開されておりますね。タイミングよくお話があったので、実は来年度の補助事業の受付けを始めるところでしてね。来年度の福祉補助金の目玉事業に取上げてあげますので、申請手続きを取って下さい。」と、そして、「私は綾部市の出身ですが、学校を出て国の自治省に入りました行政マンです。定年後は今の組織にお世話になっています。私のふるさとは年々過疎化が進んでおり、そこに『るんびに学園』が出来ると、村の活性化にも繋がります。是非、実現して欲しいと念願しております。」と。四方市長といい、四方常務理事との出会いを無にしてはならないと思ったのは私だけではなかった。隣の藤さんの目頭が赤くなっていたのを忘れない。

しばらくして、窓口担当の責任者を呼んで紹介して頂いた。

公益事業部福祉事業課の長澤恵一課長、林良挙係長のお二人と名刺交換をさせて頂き、理事室から会議室に移った。

藤さんから、これまでの取組みの経緯を話され、「青少年の蘇りの村」づくりの夢も語られ、課長と係長は頷きながら真剣に聞いて下さったのが嬉しかった。

林係長は「これまで福祉事業への補助金としては数千万円の規模です。あまり期待を大きく持たないで下さい。」私は「先ほど、四方常務理事様から来年度の福祉補助金の目玉にする。とお言葉を頂戴しました」「金額までは言ってないでしょう。でも四方常務からの依命を受けましたので、精一杯のお手伝いをさせて頂きます。」との決意のほどを示して下さった。

「これからは、事務手続きについては林係長が対応し、問題が生じた時は長澤課長が対応します」との有難いお言葉を頂いた。「申請書類の手続き等は、東京まで来てもらわなくて、京都で対応する窓口があります。『京都府共同募金会』で担当窓口の若林参事に連絡しておきますので早々に顔出しをして下さい」。これまたラッキーであった。新幹線の中で藤さんとささやかに缶ビールで祝杯を挙げて帰京の途に就いた。

同年八月二十六日（月）、藤さんと徳丸社長の三人で東京の日自振を訪問した。

この度「るんびに学園」の建設に当たり、設計監理を委託契約した徳丸博史建築設計㈱の徳丸社長を引き合わせて、詳細設計が完了したことの報告と説明を行って了解いただいた。

京都府共同募金会と協議始める

同年八月二十八日（火）、京都府との協議（第二回）のあと、藤さんと社会福祉法人京都府共同募金会（以下、共同募金会という）を訪ねた。

▶平成14年度競輪・オートレース公益補助金「交付内定通知書伝達式」で、四方常務理事より内定通知書を受ける藤大慶理事長　2002.4.10

◀理事会のあとの懇親会
▼四方市長（左）と寄氣会長（右）
2002.5.31

▼公募型一般指名競争入札応札企業が19社で不調に終わる　2002.6.4

常務理事・小野泰事務局長、若林寛人参事に面談。若林参事は「日自振の林係長から電話で福祉補助金の申請について対応するよう連絡を受けております。」藤さんから「今月の九日に京都府で、社会福祉法人認可申請の手続きの協議をはじめました。なかなか一筋縄にはいかないことを想定いたしております。何分手元資金を持たずに施設建設を進めようとしており、法人認可の条件を整えるために同時並列に進めなければなりません。この松尾が書類の作成の全てを行いますので、これからのご対応宜しくお願いします」

「こちらの日自振も同様に沢山の書類を作成して頂くことになります。京都府との折衝で問題が生じた時は遠慮せずに相談して下さい。東京の林係長と連携して対処いたしますから……」と、こちらでも心強いお言葉を頂いた。行政の窓口とは天と地の違いである。

こうして、日自振との福祉補助金申請の折衝が始まったのである。

同年九月十八日（火）、共同募金会へ。若林参事に「分教室」建設補助金について適応できるか否かの相談。改めて返事を頂くことに。

同月二十二日、二十三日の二日間は日自振の申請書の作成に時間を空けて着手する。

同年九月二十七日（木）、共同募金会へ。若林参事と面談。

① 補助金申請の適用条件に付いて

② 申請書の添付資料について

③ 分教室の設置についての補助金がちょっと気になりますね。

同年十月二日（火）、共同募金会へ。若林参事と面談。申請書類に目を通して頂く。

同年十月十五日（月）、共同募金会へ。若林参事と面談。申請書類が大筋で揃ったので東京の林係長に送ることになった。今後、東京の林係長が連絡してきたら対応して下さい。やれやれ一件落着なりであった。

同年十月十八日（木）、日自振の林係長から電話が入った。

「施設建設計画書の中で、分教室とありますが、この施設は学校教育のための施設ですか。」「ハイ、そうですが…」「ではこの分教室は補助事業の対象から除外してよろしいですね。」「いや、それは困ります。」「電話で説明しにくいのでお伺いさせて下さい。来週の月曜日、二十二日の午後は如何ですか。」「了解しました。それでは午後二時半にお越し下さい」

すぐに藤さんに電話して、急遽、東京へ出向くことにしてもらった。

東京駅のホームで喜びを分かつ

同年十月二十二日（月）、藤さんと京都駅で合流して新幹線に乗った。

「あれもこれも本当に振り回されますね。誠に済まんことです」と藤さん。

「何を言うんですか、ここまで漕ぎつけたんです。もうひと踏ん張りですよ」などと会話をしている内に東京駅に着いた。

日自振では、長澤課長も同席されて、林係長から分教室の位置づけについて、

「分教室は、文部科学省の管轄で補助事業の対象外になります。小規模の教室建設計画とはいえ、福祉施設として一括して補助事業とする訳にはいきません」と言う。

藤さんは「これは、私の思いは医学的な治療のみならず、子どもが社会の中に溶け込めるように各種の自立訓練施設として、和太鼓や菜園、果樹園、工芸品制作、絵画、お祭り等々、すなわち、児童一人ひとりが興味を持てる分野を見出せる『創造熱中館』みたいな施設を創りたいのです。『分教室』としたのは、京都府で学校教育の扱いをどう捉えているのか。と投げられて、綾部市の教育委員会と京都府の教育庁との協議で『分教室』と位置づけたんです」

すると長澤課長から、「藤さんが言っておられる自立支援の観点から『自立訓練棟』という名称に置き換えたらいかがですか」と助w言を頂いた。

「施設建設は自立訓練棟として一括して補助事業と捉えて頂き、実際に建屋が出来て開園の時には『分教室』として運営することに問題ありますか」と私。

「福祉補助事業として補助金を受けた施設には、日自振のシンボルマークの表示板を建物に張り付けてもらうことになっていますので、それは困ったことですね」と林係長。こちらを立てれば、

あちらが立たずの壁に直面したのであった。

「よし、こうしよう。建物は自立訓練棟であるが、室内では学校教育の場にも利用することがある。と、表記してはどうか」と長澤課長。

「そうしますか」と林係長は折れて下さった。

私は「早速、帰りまして申請書類の修正処理をいたしてお届け致します」と確約した。

協議を終えてから理事室を訪ねた。

四方常務理事は、二人の顔を見て言われた。

「どうですか、うまく進んでおりますか」

「いや、なかなかうまくいきません」と私。

「どうしてですか？」

「京都府の地域福祉・支援課の課長補佐さんがネックで、二人とも法治国家でなかったらぶん殴ってやりたい心境です」

「それは穏やかじゃないですね」

「私はつい先日の十七日に顛末書と資金計画書の修正版を持参して、私はあなたを尊敬できません。あなたを府民の窓口業務から切り離してやりますから覚悟しといて下さい。と大見えを切ってしまいました。誠に恥ずかしいことをしてしまいました」

すると、四方常務理事はデスクの受話器を取ってダイヤルを回された。電話を切ってから四方

常務は、

「今、お聞きのとおり京都府庁の総務部長に話ました。彼は私と自治省の同期生でしてね。すぐに私の意図を受け止めてくれました。お二人が京都に戻られた頃には答えが出ていると思います」

とさり気なく言われた。

「今日は東京に来た甲斐がありましたね」

東京駅のホームで藤さんと私二人手を握りあって喜びを分かち合い、満足感に浸って帰路に着いた。

同年十月二十九日の第九回目の協議にT課長補佐の顔がなかったのは、配置換えで、十一月一日付で人事異動発令があったと、K主事から後日聞かされた。

でも私にとっては満足感よりも申し訳なかったという気持ちの方が大きかった。

こうして、翌年二〇〇二年（平成十四）四月十日（水）に「補助金交付内定通知書伝達式」に出席するよう、藤さんに書面が届いた。私は「バンザイ！　やったぁー」と大声を発してしまった。

二〇〇二年（平成十四）四月十日（水）、藤さんと二人で大阪市内の大阪社会福祉指導センターへ向かった。

平成十四年度競輪・オートレース公益補助金「交付内定通知書伝達式及び事務説明会」に参列して、四方常務理事より内定通知書を藤大慶氏が代表して受けた。感無量の場面であった。これまでの疲れが一気に吹き飛んだ。そして「法人るんびに苑」の歴史の一頁を飾ることができた。

この通知書には何と、一億六千五百万円と記してあった。林係長から福祉補助金はこれまで数千万円と聞かされていたので、まさに破格の金額であった。

この年、近畿地区は三十七件、九億七千八百万円の補助金が交付されるとのことであった。伝達が終わって今後の事務説明を受けて、足どりも軽やかに爽快な気分で本町の地下鉄駅へ向かった。

るんびに学園の竣工式典には、四方常務理事様と中澤課長様に臨席して頂き、四方常務理事様に祝辞も述べて頂いた。（後述）

このあと、次の朗報が舞い込んだ。前節で詳述のとおり、京都府知事より「社会福祉法人るんびに苑」の設立認可の書面を藤さんが受理されたのである。

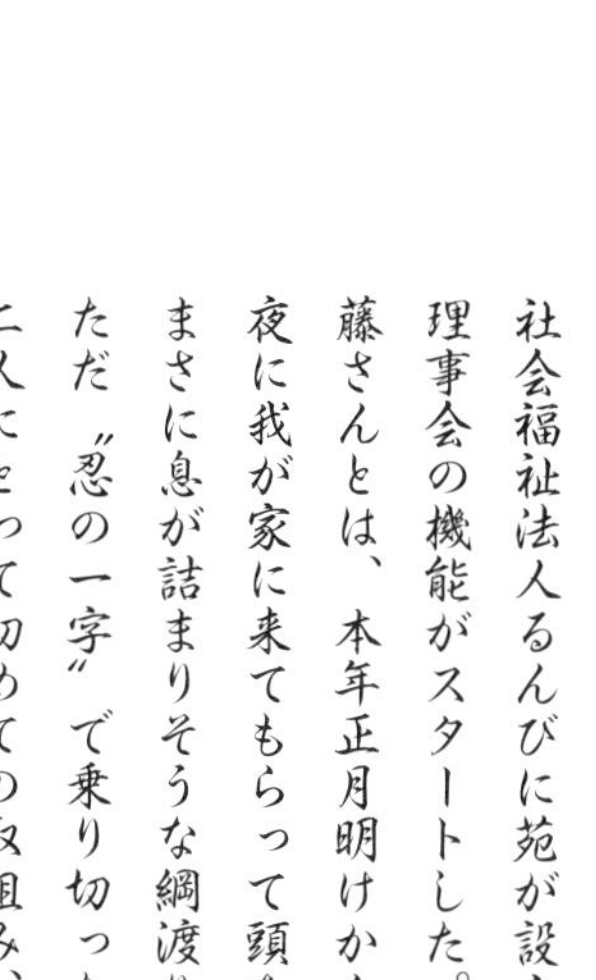

第5章 「るんびに学園」の開園に向けて

社会福祉法人るんびに苑が設立され、
理事会の機能がスタートした。
藤さんとは、本年正月明けから毎週最低一～二回は
夜に我が家に来てもらって頭を捻る日々であった。
まさに息が詰まりそうな綱渡りの状況であった。
ただ〝忍の一字〟で乗り切ったのである。
二人にとって初めての取組み、
艱難を排して臨むも眞に「無から有を生む苦しさ」の体験であった。
それだけに、学園建設の起工式挙行は感無量のひと時であった。

無から有を生む苦しさを体験

二〇〇二年（平成十四）二月二日（土）、藤さんと二人で、亀岡市と綾部市の中間地に位置する園部町に川勝和幸氏宅を訪ねた。

川勝氏は、昭和七年生まれでこの時七〇歳、まだまだ矍鑠としたご仁。元京都府の職員で福祉関係の職務を遂行され、退官後亀岡市にある社会福祉法人青葉学園の施設長として今日の基盤を確立された方である。また、公立南丹病院付属高等看護学院の非常勤講師、仏教大学の非常勤講師も務められている。

藤さんから内々に迎えたい意向を伝えられていたので、本日正式に仲間入りをお願いに上がったのである。

京都府との法人設立申請の協議が終わり、本年五月には認可を得る見通しとなったことを報告し、いよいよ理事会も活動を開始する予定であり、今月十二日に第一回るんびに苑設立発起人会を開催する旨を伝え、出席をお願いした。

同年二月十二日（火）、綾部市内のＩＴビルにて第一回るんびに苑設立発起人会を開催した。

川勝さんには、「るんびに学園開設準備室長」の肩書で開園へ向けての準備に携ってもらった。そして、私の自宅に何度も足を運んで頂き、懸案の「るんびに学園～施設の基盤確立のために」をまとめ上げた。

これは、京都府でも評価され、今日なお施設長以下職員たちに実践してもらっており、全国の児童心理治療施設の中でも高い評価を頂いている。

同年四月五日（金）、藤さん、川勝さんと二人で京都府庁へ出向き、関係部局に挨拶回りをして川勝さんを紹介した。現職員たちは大先輩の登場に低姿勢で応対していた。

施設建設へ向けての取組み体制

二〇〇一年（平成十三）二月十八日（日）、るんびに苑後援会の役員会を終えた後、懇親会の席で、副会長の松永大徳氏（大阪府羽曳野市・西称寺住職）から、

「私の寺院の門徒総代が『堺の設計会社の社長（若手）がいるので、るんびに苑の施設建設にお手伝いできると思うので是非会って欲しい。』と言ってきているので近々会ってみませんか」との打診があった。

藤さんも私も、施設建設について何の知識もない。建築士を巻き込むことは好都合と、至急、顔合わせの場を作るようお願いした。

松永氏の段取りで、二月二十四日（土）の午後、藤さんと二人で羽曳野市・西称寺を訪ねた。そこに、門徒総代の髙橋利雄氏（エルベＢＭＷ㈱代表取締役会長、後に「るんびに苑設立準備委員会・副委員長↓法人の理事就任」）と、徳丸博史建築設計㈱代表取締役の徳丸博史社長が来寺

されていた。

藤さんが「青少年の蘇りの村」夢の構想を話され、徳丸社長は「是非、その夢を設計させて下さい」と懇願された。いずれ現地で「設計コンペ」を開催することになると思うので、ピカ一の画を描いてくれるようお願いした。

三月に入ってから、十二日（月）に徳丸社長を綾部市の現地に案内した。そして、すぐにイメージ図を描いてもらった。

藤さんと私は、松永氏も髙橋氏も設立準備委員会のメンバーになって頂くことをお願いして、快く引き受けて頂いた。

また、設立準備委員会は法人設立の全体を位置づけた組織であり、別組織として「建設委員会」のプロジェクト・チームの組織化を提唱し、六月二十一日（木）開催の役員会で承認を得て、その土台を作った。

現地で「設計コンペ」を開催

同年七月二日（月）、綾部市の現地で設計会社・十社の参加を得て「設計コンペ」を開催した。まずは原野の現地をしかと観て頂いて、場所を「萬屋」に移して質疑応答の場を設けた。

① 各社とも質疑事項を今週の六日（金）までにＦＡＸにて事務局に提示
② 事務局は翌週の十三日（金）までに回答
③ 来月の八月十日（金）までに設計プランを提出

して頂くことを伝えて散会した。

そして、八月十一日（土）、羽曳野市の西称寺で検討会を開催し、各社の設計プランを比較、検討を重ねて、設計会社二社を絞り込んだ。

同年八月二十日（月）、我が家で藤さんとすり合わせを行い、午後、㈱Ｙ建築設計の代表者にご足労願って、設計プランの説明と概算見積について質疑応答を行った。その後、徳丸社長に来宅頂いて

① 設計プランの絞り込み
② 資金計画と設計・建築予算

について協議。当方の概算総予算の中で対応できないかと投げた。徳丸社長から受諾の返答を得たので、藤さんから徳丸社長にお願いすることで、今週末の第四回設立準備委員会に諮ることを伝えた。

同年八月二十五日（土）、綾部市内の「現長」で第四回設立準備委員会を開催した。この席には徳丸社長にも同席してもらい、藤さんから

① 設計コンペにより、十社の公募の中から「徳丸博史建築設計㈱」のデザインの斬新さとユニークな発想により絞ったこと。
② 建築総予算が当方の資金計画の枠の中に納まること。
③ 今後の推進について「建設・入札委員会」を発足すること。

を報告、提案を行い、全会一致で決議された。

会議を終了したあと、建設委員会に参画してもらう委員（松永大徳、髙橋利雄、高倉信正氏と事務局スタッフの十倉義、山田達磨氏）に残って頂き、今後の詰めの協議を行った。

本日、承認頂いた「建設・入札委員会」を本日より発足、来年の建設業者選定の入札段階までその役割を担うことを申し合わせた。また、委員長には松永大徳氏に引き受けてもらうことになった。

この設計案で京都府との法人設立認可の協議の中に提示することとの了承を得て、京都府からの要請があった時には設計の徳丸社長に対応してもらうことも了承して頂いた。

徳丸社長から設計の基本コンセプトとして、次の書面を頂いた。

『本館棟は正八角形とし、中央部の池を囲んで談話のスペースとしての回廊を設け、施設全体を見まわせる構造としました。また、本館の中央にはお釈迦様が沐浴したと伝えられる池をモチーフとし、円形の池を配置し、その中央には広場（ステージ）を設けました。

本館棟、居住棟、自立訓練棟はすべて木造とし、構造はログハウスのポストアンドビーム及びピースアンドピースという工法を使います。この工法により大空間を確保でき、自然の素材である木と土に触れることで心を豊かにすることが出来ます。

なお、児童が触れる壁部分については木パネルを使い、障害児童による破損行為が出来にくい構造とすると共に時間が経つほど風合いが増し、落ち着いた空間になるようにしました。また、無垢の素材を使うことにより、傷等が出来た場合、表面を削ることにより改装することなく、長く使えるようにしました。

壁の内部と上部は土塗り壁とし、呼吸する建物であり、木と土壁の優れた断熱性能により、夏は涼しく、冬は暖かい建物としました。

全体的に太陽光を採り入れ風が吹き抜ける計画とし、自然の気配を感じられる空間としました。軒の出を調節することで、夏場の太陽光は入らず、秋から春まで太陽光が入ります。

スタッフの動線と児童の動線を分離し、管理しやすく、児童にとって居心地のよい空間を創りました。また、ガラスはすべてラミネート２重強化ガラスとし、割れにくくしました』

このあと、京都府との協議の過程で、徳丸社長に同行してもらうこと数回、東京の日本自転車振興会にも二回同行してもらった。その結果、一部修正や変更も生じて、羽曳野市の西称寺、松永委員長宅で検討・協議を重ねて、翌年の二〇〇二年（平成十四）三月二十三日（土）、第一回建設・入札委員会を開催し、初会合を開いた。いよいよ建設業者選定の入札手続きへと進むのである。

公募型一般指名競争入札

二〇〇二年（平成十四）三月二十三日（土）、第一回建設・入札委員会を京都市の聞法会館において開催した。

委員長・松永大徳、委員・髙橋利雄、高倉信正、川勝和幸氏
事務局・藤大慶、松尾正隆、山田達磨
オブザーブ・徳丸博史氏

議題は、四月五日開催の京都府との第九回協議へ向けての作戦会議であった。

同年四月十九日（金）、第二回委員会を開催。先日の京都府との第九回協議で問題提起を受けた事項について対策を協議した。

① 京都府の窓口より、建設業者選定について京都府のルールについて説明があったこと。
② 建設新聞の掲載記事に、受付は「徳丸設計…」とあるが、これはあくまでも施主が主体とすべきであること。
③ 建設・入札委員会の委員は、法人の役員予定者以外は委員にしてはならないこと。
④ この委員会に、行政の担当者一名を委員に加えること。
⑤ 施設の基準面積を示す資料とその説明書を提示すること。

この会議のあと、引き続いて第七回設立準備委員会を開催し、事業報告、収支決算報告、余剰金を社福・るんびに苑会計に贈与することを全会一致で承認し、本日をもって解散することになった。引き続き、第二回設立発起人会を開催し、第一号議案〜十四議案までを審議、全会一致で決議、承認された。

藤さんとは、本年正月明けから毎週最低一〜二回は夜に我が家に来てもらって頭を捻る日々であった。まさに息が詰まりそうな綱渡りの状況であった。ただ〝忍の一字〟で乗り切ったのである。

初めて体験する「入札」の仕組み

同年四月二十八（日）の午後、羽曳野市の西称寺で緊急の会議を開いた。藤さんと徳丸社長、松永委員長を交えて、懸案事項について相談、協議した。

①　指名業者リストを京都府から提示を求められていること。
②　入札価格の下限値設定について
③　D工業について、基準値に達していない件、京都府で問題視すれば取り下げても良いとの見解を頂く。
④　出来れば、上限値を二億八千万〜二億九千万円で落札できれば良いが……。
⑤　業者との契約までのスケジュールを組立て直し、関係者との日程調整が必要であること。

明後日の三十日に京都府との第九回協議で提示したい。誠に頭の痛い難題ばかりを押し付けてくるもんだと、メンバーは苦慮した。

同年五月二日（木）、綾部市「萬屋」にて第三回建設・入札委員会を開催し、指名業者選定基準と業者選定について修正案を検討、決議した。

このあと、第三回設立発起人会を開催し、委員会の決議事項を提起して承認を得た。

同年五月六日（月）の夜、藤さんに来てもらって、先日の会議の議事録コピーに「原本証明」の署名捺印をしてもらい、入札業者二十社のリストを明朝、京都府の窓口へ持参をお願いした。

私は、この週は土曜日まで本業の出講で詰まって動けなくなっていた。

藤さんから、京都府でさらに修正の指示があったと翌日の夜、来宅されてすり合わせを行って対応を決めた。その修正のために翌九日は帰宅してから夜中の零時までかかって修正の書類を作り上げた。藤さんに来宅してもらったのが二十二時、帰宅されたのは二十三時半であった。とうとうこの週は藤さんに毎日、夜中に来てもらっての事務処理、最後の山場、追い込みの時とはいえ、行政マンに振り回されること〝ガマン〟するのも限界に達した。

東京の日自振では、四方常務理事が心配されて、京都府の総務部長へ電話にて「早急に認可の処理をするよう要請」をされ、総務部長より直に地域福祉・援護課の中村課長へ指示が発せられたとの連絡を日自振の林係長から伺った。

その成果として、五月十五日、藤さんに京都府よりすべての書類は大筋OKとの電話があったことを告げられてホットしたのであった。私にとって、この半月は寝る時間以外は本業とるんびに苑の業務で手一杯であったが、先にも詳述の「潜在意識」の活用の術を会得していたので、まったく疲労感はなかった。でも藤さんもタフである。二人とも「念ずれば花開く」を共有化しているからこその進化と自負している。

前述のとおり、五月二十二日付で法人認可の決定通知を受けて、建設業者選定の作業がいよいよ始まったのである。

資金がないため「公開入札」の縛り

二〇〇二年(平成十四)六月四日(火)、入札会場を綾部市内「アスパ」に設定した。午前中に建設・入札委員会を開催し、本日の入札の手順等についての打ち合わせを行った。

当方は委員全員と事務局の藤、松尾、山田、その他オブザーブとして徳丸社長が勢ぞろいした。午後一時に参加指名業者十九社が集まった。緊張の場面の中、第一回目の応札を開始した。開票すると五億九千一百万円から四億三千万円で当方の予算に合わず再入札を要請した。

第二回目の応札、十六社が降りて三社が応札した。開票すると四億二千九百万円から四億円であった。

最低価格のE社に個別協議を要請し、了解のもと、こちらから三億円を提示するも不調に終わった。再度、設計を検討の上入札を行うことで散会した。

今回初めて一般公開入札を体験したが、応募企業の代表者の目は鋭く光り、まるでヤクザの集まりかと思うような威圧感に恐怖さえ覚えた。最後のE社は別室で社長以下三人、こちらは松永委員長と藤さんと私の三人。E社の社長が「あんたらはこれだけの設計仕様で三億の予算とは、ふざけるんじゃないよ！あんたらの予算でやってくれる業者があったら拝ましてもらうよ！」と凄い剣幕でどやされたのである。松永委員長も負けてはいなかった。「私らは自前で社会福祉の施設を創るんで、今回の入札はビジネス抜きで請け合うぐらいの気持ちの業者さんと出会えると思って臨んだ。誠に残念だ。あなたは本音を私らに曝け出したんだからこのまま引き揚げてくんなさい！」と、追い返して下さった。一時はどうなるかと危惧したが、「この業界はこんなもんでっせ」とのことで十九社とご縁は出来なかった。

入札が不調に終わって、藤さんと徳丸社長の三人で京都府庁へ向かった。これまでの協議のメンバーに面談。本日の入札結果を報告し、今後の進め方について協議を行った。結論は設計変更を至急固めてから次の方途について考えることになった。

六月十一日（火）、この日は一日、泉北の深井で指導先の会社へ出講していたので、羽曳野市の西称寺に十九時半に、藤さんと徳丸社長と集まり、松永委員長との四者で設計変更について協議を重ねた。西称寺を出る時は二十三時半であった。

そして翌日の夜、藤さんと我が家で

① 日自振への設計変更申請書類
② 京都府への設計変更申請書類
③ 徳丸社長から提示の変更図面

について藤さんに署名捺印をしてもらった。明朝、東京の日自振へ二人で出向く段取りを済ませて床に就いた。

六月十三日（木）、午前八時五十分、藤さんと二人で新幹線に乗った。

まずは四方常務理事に謝辞の挨拶をして、長澤課長に事の顚末を報告して、設計変更による福祉補助金への影響等を相談した。長澤課長は「すでに内示していますので、補助金に変更はありませんのでご安心下さい。ただ、当初の純木造建築が鉄骨になることは、児童、子どものためには残念です。」と、苦情もなく変更処理について受け容れて下さった。

藤さんの行動には御仏が常に見守ってくださっているのであった。

模索の中からの活路

六月二十五日（火）、私は出講先（大阪市大正区）から羽曳野市の西称寺へ向かった。藤さんと徳丸社長と松永委員長の下で再度の打ち合わせを行った。

その翌二十六日（水）は藤さんと綾部に出向いた。現地事務所で川勝さんにも来てもらった。

① スタッフの山田達磨氏に今月末で打ち切りを伝達した。

② 由良税理士事務所で監事予定の鈴木さんと由良さんを交えて会計処理について相談した。

終わってから「ゆらり」で食事をして帰路に就いた。藤さんのワゴン車は良く走り回ってくれるものだ。

六月二十八日（金）の夜、二十一時半に茨木市の西福寺に徳丸社長に来てもらって変更図面による予算見積の詳細について打ち合わせを行った。この日も終わったのは午前零時であった。

六月三十日（日）、松永委員長から本日の夕方出向いて欲しい旨の連絡が入った。藤さんと二人で羽曳野市へ向かった。着いたのは十九時十分前であった。松永委員長から「京都のゼネコンでＣ社が現設計で三億四千万円で請け負うと言っている。明日にでも京都へ行ってみませんか」と打診された。

都合がつくので、京都駅で合流することで引き揚げた。

七月一日（月）、京都駅で松永委員長ご夫妻と合流して、藤さんの車で京都市内のＣ社へ向かった。

この会社は、堺市の髙橋利雄氏の知り合いということだった。森山社長と中村専務に面談、藤さんからこれまでの経緯をお話して、前向きに協力したいとの意向を伝えられた。

早速、翌日の夕方、徳丸社長を交えて西称寺で協議を重ねた。京都府へはＣ社の森山社長が掛け合っていただけるとの約束もとれた。

次の日の夜に、徳丸社長と見積書、工事費内訳書、面積表等をメールとＦＡＸでやり取りの末に明日のＣ社での打ち合わせ資料がまとまった。

七月四日（木）、藤さんと二人で京都市内のＣ社へ出向いた。松永委員長は徳丸社長の車で出向いてもらった。

前回同様、森山社長と中村専務に面談した。この席で、入札の進め方についてアドバイスを頂いた。

七月九日（火）、藤さんと徳丸社長の三人で東京の日自振へ向かった。林係長と田口嘱託に面談し、設計変更について相談、大筋ＯＫの返事を頂いた。「これで次の入札へ進めて下さい」との伝達を頂いて帰路に就いた。

この日は、私の満五十九歳の誕生日であった。新幹線の中でお二人から缶ビールで〝カンパイ！〟の祝福を頂いた。

七月十四日（日）、西称寺で松永委員長を軸に藤、松尾、徳丸の三人で

① 今後の日程調整、変更
② 土地の造成工事の予算について
③ 建設・入札委員会の開催日について
④ 理事会、後援会の役員会開催について

協議し、事務局で開催通知をすることとなった。

同年七月十九日(土)、徳丸社長とC社へ向かった。土地の造成工事について打ち合わせを行い、次の建設・入札委員会に諮ることにした。

藤理事長は毅然とした態度で臨め

同年七月二十二日（月）第六回建設・入札委員会を京都市内「聞法会館」で開催した。経過報告のあと、再入札の方法について激論が交わされた。前回の十九社を除いたら応札業者は出て来ないのではないか。一部業者との癒着？　疑いをもたれるんではないか。前回、談合に繋がる動きが生じた。これは応札業者のリストが漏れたからと考える。そのためにこの委員会から外れてもらった経緯もある。行政指導に頼らず、るんびに苑の強硬姿勢を示すべきだ。賛否両論の意見が出されたが、ここは十九社を除くことで合意を得たのである。

同年八月一日（木）、藤さんと中西喜次氏（法人理事・後援会副会長）を同行して羽曳野市の西称寺へ向かった。

業者選定について委員会で異論も出ており、極端に押し切ってしまう事を心配された中西理事の意見も受けて、再度、C社の森山社長に面談のうえ方向づけをすることになった。

翌二日に、藤さんとC社へ向かい、森山社長に指名業者の対応について相談した。森山社長は「前回の入札で十九社とは折り合わなかったのだから、躊躇せずに十九社を外して、改めて応札業者を選定の上、入札を行うことが正しいやり方ですよ。」と。ここは藤理事長が毅然とした態度で臨むことを助言頂いた。帰路の車の中で「直前で態度を示す」ことを申し合わせた。

この日は、午後二時半から大阪市内「津村別院」で第三十回役員会、引続いて、るんびに苑後援会の第九回定時総会を開催し、藤さんから、これまでの経過報告と九月に再入札を行い業者の絞り込みへと進める旨の報告をして了解を頂いた。

引続いて、八月五日(月)、法人の第二回理事会を綾部市の「健康ファミリーセンター」で開催し、藤理事長から同様の報告と再入札について提起をして承認を頂いた。

同年八月二十八日(水)、藤さんと職員予定の幹田君を同行して、朝一番にC社を訪ねた。徳丸社長にも同席頂いた。資金計画の詳細を再検討して今後の進め方を協議した。

このあと、綾部市へ向かい、京都銀行綾部支店を訪問し、繋ぎ資金の融資の相談、対応してもらえることを確約した。

そして、綾部市役所へ。再入札の条件について協議、結論は京都府の見解を再度仰ぐことになった。

この日はさすがに二人ともぐったりと疲れ果てた。帰ったのは二十一時半であった。

九月二日(月)、藤さんと京都府庁へ向かった。児童保健福祉課のK主幹とI主任に面談、

① 建設計画について、資金面で不足が出た場合、どんな問題が生じるのか。

② 入札の進め方について、再公募型か、綾部市の指名願業者の中から、のいずれかの方法を綾部市と詰めて欲しい旨の要請。るんびに苑の独断では後々の運営に大きく影響しますよ。と、これまた脅し文句がついた。

この足で二人は綾部市役所へ向かった。

Y次長は「十九社の中から絞り込む方法でないと承認できない。そうでなければ私は委員を辞退します」と。新たに業者を選定するには、それなりの理由が明確で納得が得られるものでなければならないという。持ち帰って再検討することを申し出て辞した。

本件は松永委員長に電話にて報告し、九月五日の委員会で協議することにした。

九月五日（木）、京都市内「聞法会館」で第八回建設・入札委員会を開催した。再入札の業者選定を決議する。そして、資金計画と今後のスケジュールを決めた。

このあと、藤さんと二人で綾部市役所へ向かった。窓口のS次長とN課長に面談、M助役を交えて報告、相談の結果、当方の意を汲んで頂いた。ただし十九社のうち指名しない業者へ書面にて、その旨を伝えて欲しい。また、京都府へ説明できる条件を整えておくよう要請された。

二十時過ぎに帰宅してから、再入札に指名しない業者への書状を作成し、松永委員長、徳丸社長にＦＡＸにて目を通して頂き、十七社に対し、現状報告と指名しないことの書状を翌日、速達郵便で投函した。

九月九日（月）、藤さんと京都府庁へ出向いた。川勝理事と幹田君は府庁で合流して、児童保健福祉課のK主幹とI主任と相談、協議を行った。

① 資金計画について、初度調弁費の明細書を提示すること。

② 再入札について、顛末書を提示すること。
③ 施設の配置図について、徳丸設計へ指示して提示すること。

また七面倒臭いことを投げられた。

再入札を執行

同年九月十七日（火）、京都市内「聞法会館」において二度目の一般公開入札を行った。午前中に委員会を開催し、本日の入札の打合せを行った。

午後十二時五十分、私の司会進行で入札を開始した。応札業者は十一社で、午後一時二十分、開票の結果、落札価格・二億九千九百万円で㈱ディー・エー・シーに決定した。

応札業者解散の後、㈱ディー・エー・シー（以下、DAC社という）と協議を行った。森本社長、田中部長、三宅主任の三人、こちらは藤理事長、中西、高倉、川勝、松尾と徳丸社長六人であった。

翌十八日（水）、藤さんと綾部市へ向かった。
① 滝下測量事務所を訪問、建設土地の合筆手続きについて相談
② 綾部市役所を訪問、川勝理事と合流して、福祉保健部、建設経済部に面談のあと、教育委

員会、助役室へ、その後、市長室に四方市長を訪ね、入札結果の報告と、九月二十六日に現地で起工式挙行のご案内を申し上げた。

一番嬉しかったのは、四方市長が我がことのように喜んで頂いたことであった。

午後は、法務局綾部出張所を訪ね、建設土地の合筆手続きの申請について相談した。

このあと、午後二時から「健康ファミリーセンター」で第三回理事会を開催し、建設業者の決定と起工式を挙行、工事に着工すること。建設・入札委員会を解散すること。等の議案について異議なく、満場一致で決議、承認された。

九月二十日（金）、茨木市の西福寺にて、請負契約書の調印を行った。藤理事長、設計監理責任者の徳丸社長と施工業者のＤＡＣ社の森本社長の三者が手を重ねて施設完成の契りを交わされた。

藤さんの安堵の顔を見て私も満足感に浸った瞬間であった。

厳粛に起工式を執り行う

二〇〇二年（平成十四）九月二十六日（木）、秋晴れの好天に恵まれて念願の「るんびに学園」新築工事の起工式が施工業者・株式会社ディー・エー・シーのご協力の下、仏式にて厳粛に執り行われた。入札を終えて九日目の起工式であった。行政の関わらない仕事はスピーディーに事が運ぶことを実証したのである。

会場にはご来賓のほか、地元の方々、「るんびに苑後援会」役員の方々、法人るんびに苑の役員及び職員内定者等々多数列席の下、浄土真宗本願寺派正念寺（綾部市）住職・宮川睿明氏（当法人理事）導師により、しめやかに執り行われた。

二〇〇二年（平成十四）九月二十六日の起工式を終えてから、健康ファミリーセンターに移動して昼食を取って、るんびに苑後援会の役員とるんびに学園の職員内定者の顔合わせを行い、役員諸氏から激励の言葉を投げてもらった。その後、職員内定者と打ち合わせ会議を済ませて、藤さんと私は綾部市役所へ向かった。

西福寺に帰り着いて、西村、太田さんも一緒に、その足で近所のすっぽん料理の「むらかみ」で打ち上げ会を行った。今日は朝早くから綾部市へ向かい、ハードな一日であったが、大きな節目の一日であった。藤さんも今日は疲れの顔ではなく、〝やり遂げた〟という満足の笑顔であった。これからは行政に振り回されることなく、藤・松尾のペースで次の課題への挑戦が始まったのである。

同年十月十日（木）、ＤＡＣ社との第一回目の打合わせ会議を終えてから、藤さんと二人で京都市内の東急ホテルへ向かった。同ホテルで寄氣会長と合流して、京都府医師会顧問の横田耕三氏に面談した。今度新たに組織化する「京都るんびに苑後援会」の会長就任のお願いをし、受諾して頂いた。

終えてから食事をして藤さんの車を聞法会館に置いて、三人はタクシーで高槻へ向かった。私の馴染のスナック「はなふさ」へ寄氣会長を初めてご案内した。そして、カラオケで楽しんで気分転換を図った。藤さんも結構乗りに乗ってたくさんの唄に挑戦され、日常では観ることの出来ない「お坊さん」の素顔であった。寄氣会長も戦時下の唄を披露して頂き、忘れ難い場面であった。

外部との折衝は一段落したのであったが、事務処理では京都府の窓口、医療事業団、日自振、徳丸設計等々との電話、ＦＡＸでの対応は際限なく続いた。また、内部的には藤理事長、川勝理事、幹田君（職員内定者）が我が家に来宅しての打ち合わせも続いた。

同年十一月二十二日（金）、現地の綾部事務所で「京都るんびに苑後援会」の設立発起人会を開催し、現場見学会と、地元の「豊寿司」で懇親の場を設営した。懇親会には、綾部市の四方市長様にもご臨席頂いた。

この席で、「京都るんびに苑後援会」（以下、京都後援会という）が正式に結成され発足した。そして、横田耕三氏（京都府医師会顧問）が満場一致で会長に就任された。四方市長様も賛同を得て顧問に迎えることが出来た。発起人会は解散して、発起人の面々が役員に参画することも決議された。この京都後援会は「るんびに学園」の運営について支援することで、藤理事長の支えが今一つ大きくなったのである。

同年十二月二十八日（土）早朝、藤さんのワゴン車で綾部に向かった。建設現場を視察したあと、綾部事務所で打合わせ会議を行い、本年の仕事納めをして事務所を閉めた。午後から綾部市内の由良川の畔にある「ゆらり」で、昼食を兼ねた「望年会」を開催した。職員内定者八名を含み、総勢十一名で慌ただしかったこの一年を振り返り、無事に越年できることに感謝の念を捧げたのであった。そのあと、場所を「ビッグエコー」に移してカラオケに興じてこの一年を締めくくった。

帰路はワゴン車を職員内定者の朝比奈君が運転して、高槻のスナック「はなふさ」に立ち寄った。藤さんも私も美酒に酔ってほろ酔い気分でカラオケを楽しんだ。

藤大慶の理想と現実

年が変わって、二〇〇三年（平成十五）を迎えた。いよいよ本年五月には「るんびに学園」の竣工、開園の年を迎えたのである。

一月六日（月）早朝、藤さんと綾部に向かった。川勝理事と幹田君とで、綾部事務所で新年初出式を行った。工事現場も本日から作業が開始され、積雪の中を次々に鉄骨が搬入されていた。新年早々に降った雪は、工事現場で四十㎝であった。

午前十一時から綾部・健康ファミリーセンターで職員ミーティングを行い、午後は京都後援会の設立総会の打合わせ会議を開催した。法人の理事も五名出席頂いた。

同年一月十七日（金）、京セラの稲盛和夫名誉会長が、私的財産十八億円を投じて虐待に苦しむ子どもを養育する児童養護施設と乳児院を運営する社会福祉法人などを設立すると新聞発表があった。（日経新聞）

社会福祉法人盛和福祉会を五月に設立、京都府精華町に用地を購入して乳児院を備えた児童養護施設を建設する。入所定員は二～十八歳までを対象とする児童養護施設が六十人、二歳児までの乳児院が二十人。と報じられた。資金力のある方は、うんもすんもなく許認可がすぐに下りて、施設がすぐに出来上がる術を見せつけられた思いであった。

私は藤さんと、京都市内の「稲盛記念財団」の事務所を訪ねた。応対頂いた事務局長に「るんびに苑」の実情をご説明して協賛のお願いを申し上げた。すると事務所に戻られた事務局長さんから「これは稲盛のお気持ちとして活動の一部にして下さい」と、金一封を拝受した。金十万円を頂戴したのである。

それから二十年以上も経てから、稲盛名誉会長様にご面談の相談に上がったが、今、病に伏せておられて面談不能とのことで、要件をお話したら、多方面に社会貢献をなされているので、ご辞退申し上げます。と体よく断られたのである。藤さんが、晩年よく口にされ、言葉にされた「強き者と弱き者」の論理がこういった場を数件体験してのことからであった。

鉄骨建物に、藤さんの心は晴れず

同年一月二十二日（水）、鉄骨が組み上がった本館棟で、上棟祭を内輪だけで挙行した。私が司会を務め、上棟勤行を浄土真宗本願寺派西福寺の藤大慶住職によりしめやかに執り行われた。

同年二月四日（火）、藤さんのワゴン車で綾部に向かった。綾部市役所を訪問し、窓口の西口課長に面談、今月二十五日開催の「子育て支援講演会」の案内と、綾部市からの助成金について相談した。助成金は施設完成後に支払うとの回答を頂いた。その後、京都府綾部保健所に立ち寄り、中村所長に面談し講演会開催の案内をお伝えした。

学園の近く「豆乃屋」で昼食を取りながら職員会議をして、建設現場を視察した。ちょうど雪解けもあってか、宿泊棟、訓練棟の屋根裏の鉄骨に水滴が一杯！これは後々鉄さびとなって問題が生じることが予測されたので、すぐに徳丸社長に現場で現認の上対策を講じるよう要請した。

建設現場の工事は工程どおり進捗している。でも組み上がった鉄骨を見上げる度に、藤さんの心の内は晴れないのであった。子ども達に木の香を、純木造建築が理想の姿であった。その意を汲んで参画した徳丸社長も断腸の思いで現場を見ているのであった。

八角形の本館棟の八本の柱は、直径が八十センチのカナダ産の杉の木で、当初デザインのように、梁も丸木のままの木材で鉄くぎを使わない組立て工法に賛同しての設計であった。ところがである。公開入札に際して、徳丸社長の思いは、大手ゼネコンが破格の値で応札してくる筈だと。確かに我が国を代表する大手ゼネコンが五社指名業者に名を連ねていた。しかし、結果は大きな差異で不調に終わった。当方に資金計画に合わせた設計変更を余儀なくされたのである。

本館棟は鉄骨構造に、宿泊棟は軽量鉄骨構造に、自立訓練等はプレハブ構造に様変わりとなったのである。現実の姿は資金を持たない辛さをまざまざと見せつけられたのであった。

職員研修を巡って施設長との軋轢

理事会を終えて、川勝施設長（本日から）と、四月の業務計画と職員研修についてすり合わせを行った。最初にボタンを掛け違うと、後々にしこりと諸問題が生じることを懸念する私は、「藤理事長が今日まで活動を続けられた背景と心の内を職員たちは知らない。川勝さん自身も断片的にしか知らないこと。開園（六月一日）したら職員たちはシフトに入り、全員が一堂に会することは出来ないので、五月までの二ケ月間で、藤理事長の講話の時間を設定した。併せて私が各企業の新入社員研修で『基本動作』の訓練（ロールプレイイング）を行っているので、職員研修のプログラムも作ってきた」と投げかけた。

ところが川勝施設長は「これからは開園に向けて実践させるために私が責任をもって教育しますから……」と、内容に目もくれずに否定された。私は唖然とした。

この施設は行政の施設ではない、民営の施設である。職員たちを行政マンのように仕立てられては迷惑千万。藤理事長の思いに合致しない。

私は教材を持ち帰り、施設運営計画についての認識のズレが生じており、川勝施設長宛てに手紙を書いた。そして、藤さんにＦＡＸしてその判断を仰いだ。

藤さんはすぐに電話で「明日の夕方、すり合わせしましょう」と、手紙の送信をストップされた。四月四日（金）、午後六時に藤さん来宅、スタートから内輪揉めで先行きが心配される。結論は、川勝さんに対面して再度話し合いをすることにした。

同年四月六日（日）、川勝施設長が来宅、諸手続きの書類確認のあと、学園の開園までの準備事項について、ボタンのかけ直しを提言した。

●施設長の一生懸命さは共通に理解するも、理事長とのすり合わせが足りない。
●計画事項については三者で協議すべきである。
●教育研修については認識のズレが生じた。
●職員の業務遂行プランも曖昧のままではロスが多い。
●特に、今回「基本動作」の訓練を提案していることが理解されなかった。
●感情的になって、開き直りもされたが、幹部職は「理性」で対処することが大切である。
●また、相手の意見や苦言に「聞く耳」を持つこと。部下に対しては「積極傾聴」を第一義とすること。

等々、私の考え方も実践してきたこともお話して、理解を得たのである。

こうして、折衷案を練って藤理事長とすり合わせを行い、二ケ月間の業務計画書を確定させた。庶務係の幹田君と女子の斉田さんの二人は、高槻で私の空き日に来宅してもらって、会計事務の実践教育を行うことにした。

しかし、施設長は〝わが考え〟優先のご仁。藤理事長の真の〝こころ〟まで理解を深めてもらうことは出来なかった。それは職員の係長たちも同様であった。誠に残念無念であったが、藤さんはご立派、心の内は最後まで見せなかったのである。

藤さんは、いよいよ「綾部人」となるために、四月六日（日）茨木市から綾部市に転居された。ワゴン車に私を乗せて何度通ったことか、忘れられないのは、印鑑を取りに戻るため、一日に二往復したことは忘れがたい思い出である。

こうして、多忙な四月〜五月が流れていよいよ竣工・開園式を迎えるのである。

第6章 嬉し涙と悔し涙の二十年

この三年間、本当に苦しかった。
でも「竣工・開園式」では、藤さんと私は抱き合って涙した。
まさに感動・感激の場面であった。
私は、人生には「五つの節目」があることを踏まえて、
思いを新たに意義あらしめることを実践してきた。
このことを念頭に先頭に立ってほしいと、藤さんに伝えたのである。
だが、学園開園二十周年記念式典には、その姿はなかった。
私は悔しい思いで参列した。
学園の大きな節目の二十周年を見届けて欲しかった……。

竣工・開園式

社会福祉法人設立から資金調達など、紆余曲折を経ながらも、雑木と雑草の原野があっという間に切り開かれて建設用地になり、起工式を行ったのが二〇〇二年の九月。それから丸七ヶ月の工期で「るんびに学園」が見事に完成した。

二〇〇三年（平成十五）五月二十七日（火）、心配された天候も五月晴れの好天に恵まれ、「るんびに学園」の竣工・開園式が盛大に挙行された。

午前十一時三十分定刻、ご来賓、地元の方々ならびに「るんびに苑」の全国後援会、京都後援会の役員・会員の方々三百余名の列席の下、藤大慶理事長よりご挨拶のあと、理事の私が竣工・開園までの経過報告を行い、続いて「るんびに苑」全国後援会の寄氣恵山会長、徳丸博史建築設計株式会社、株式会社ディー・エー・シーの三者に対し、感謝状が贈呈された。

続いて、京都府副知事・佐和知子氏、綾部市長・四方八洲男氏、全国情緒障害児短期治療施設協議会代表・竹崎博幸氏、日本自転車振興会常務理事・四方和幸氏からご祝辞を頂戴した。

祝電披露のあと、川勝和幸園長より職員二十名と教職員三名の紹介があり、職員たちの案内により施設見学をして頂き、本館棟、居住棟、自立訓練棟を熱心に観て頂いた。施設見学のあと、会場を「京綾部ホテル」に移し、祝賀会が行われ、るんびに苑グループの歴史の一ページが飾られた。

「るんびに苑通信」第十号に、各方面から御来賓の方たちの特集記事を掲載した。

節目を大事にする二人

私は、人生には「五つの節目」があることを踏まえて、その節目に思いを新たに意義あらしめることを実践してきた。

私は藤さんに移動する車の中で、折々に人生訓について話をしてきた。その中で、人生五つの節目について実践していることをよく話したのであった。

その節目に〝思いを新たに〟するということは、次の目標を立てること。すなわち、人生も組織活動も「計画↓実施↓確認↓処置」のサイクルをきちんと回すことを説明した。我々は安易に誕生日を、入社記念日を、結婚記念日を、子どもの誕生日を見過ごしてしまうものである。

誕生日にバースディケーキでお祝いするだけでは人生の意義は見出せない。寝る前でもいい、一人で自己をしっかり見つめて一年の振り返りと反省をして、次の一年をどうしたいのか、を思考することが人生を意義あらしめることになる、と。

組織活動では、後援会、社会福祉法人、それぞれに設立年月日がある。一年が経つと「一周年」一〇年が経つと「一〇周年」その節目が回ってくる。この節目を関係者とともに思いを新たに意義あらしめことを実践しましょうね。と申し合わせたのであった。

管理とは、「計画→実施→確認→処置」、英語では「プラン・ドウ・チェック・アクション＝PDCA」のサイクルをきちんと回すこととなり。これすなわち「良果善因」～良き結果を得んと欲せば、まず善き因を作れ！　事業の成功への秘訣である。組織の長たる理事長はこのことを念頭に先頭に立ってほしい旨を伝えたのである。

不十分な施設に苦渋の職員・教員たち

学園も開園して五年程が経過した頃、施設の活用について職員や分教室の先生方から苦情が出てきた。

まず、居住棟について、受け入れる児童は男女の違い、学年の違い、障害の程度の違いによって、部屋割りに苦慮していることであった。

当初、藤さんも私もそこまでは読めていなかった。単純に玄関を中心に右半分を女子児童に、左半分を男子児童に割り振る程度しか考えていなかった。各部屋に二人の配置として定員三十名で設定した部屋数でしかなかった。まず男女のバラツキは顕著であった。ある年は男児が多かったり、少なかったり、低学年児童の片寄りであれば未だしも、各学年の陣容がバラついたり、重度の児童は個室にしなければならなかったり、確かに現実論としては職員の苦労・心労がよく判る。

また、分教室からは、建屋がプレハブのために、夏は極度に暑く、冬は極度に寒い。空調、冷暖房設備だけでは改善出来ない状態であることも知らされた。

教室も間仕切りはしてあっても、隣の声がつうつうで、勉強する環境にはなっていないことも知らされた。

私は綾部市教育委員会を訪ねた。学校教育課のF課長と担当のB主事に面談し、学園の分教室の実情を訴え、子ども達のために実態に即した木造の教室を作りたいと申し出たところ、文部科学省の「学校等教育施設特別交付金」という制度があることを知った。ついては、この制度を適用できる条件で教室を新たに建設したい。と、相談を投げたのである。

「松尾さん、これは難しい問題ですよ」とF課長。

「優しい問題は部下に任せたらよろしい。難しい問題を解決するのが管理職の仕事じゃないですか」と私は反論し、

「これは課長さんに文科省に行って折衝してくれとは考えてもいませんよ。私自らが霞が関に出向いて折衝するからご安心下さい。」と申し上げて辞した。

翌週に、綾部市選出の京都府議会・四方議員に面談し、文科省の交付金申請について相談した。四方議員は私を伴って京都府教育庁へ出向き、担当課長に「学校等教育施設特別交付金」について相談を持ち掛けて頂いた。

この制度は現存しているが、少子化の進行と共に学校の教室が余剰となったり、特に地方では

統廃合が顕著になり、学校の新築は抑えられているのが現状であるとのこと。特に綾部市の口上林地区は統廃合から、さらに小学校と中学校が一体化されて「東綾小中学校」となっている。文科省に相談しても「送迎バスを用意するので本校に通学させなさい」と言うでしょう。との見解を示された。

るんびに学園の分教室の実態を全く判っていない行政マンの発言であった。一般的な遠距離に伴う分教室の話であって、こちらは情緒障害の児童たちである。健常の児童と一緒に学べない児童であることを申し上げるも代案ひとつも出ないのであった。

◆京都後援会で「特別寄付」のお願いを

国の交付金が当てに出来ないことが判って、この施設整備の問題を理事会に諮るも、まず先立つものは「資金」である。職員や教員に何とか善処するので辛抱して運営を、と懇願するも何とかしてあげたい。藤理事長から後援会の役員会でお願いを訴えて、「特別寄付」のお願いをすることになった。

●募財目標　一千五百万円（建設費総額三千万円の自己負担分）
●寄付金額　一口、一千円（何口でも可）
●募財期間　平成十九年七月～平成二十年七月まで

●送金方法　お願状の「払込取扱票」にて最寄りの郵便局でお振込み下さい。

●メッセージ　頑張っている子ども達にメッセージを添えて下さい。

＊寄附金控除適用（五千円を超える分）の領収書をご希望の方は□にチェックマークをつけて下さい。

＊お寄せ頂いた皆様の真心は、全て記録に残し、後世に伝えます。

との書面を京都後援会の会員の皆様に第四回総会報告書に添えて送付させて頂いた。また、「るんびに苑通信」第二〇号にも掲載してお届けした。

一方では、財団法人ＪＫＡに補助金申請の相談を投げた。こちらは実情を良くご理解いただいているので快く対応して頂いた。

学園「新学習棟」建設

二〇〇九年（平成二十一）一月十三日（金）るんびに学園において、新学習棟の起工式が厳粛に執り行われ、この日から増築工事が始まった。

新学習棟の建設計画は、当法人るんびに苑の理事と学園職員の中から委任された「新学習棟指名選考委員会」（九名）によって、昨年十月二十二日の第一回委員会から三回の会合を重ねて、十一月二十一日（金）地元業者による指名競争入札を実施し、上田工業㈱が落札、契約書を取り交わして、工事着工の運びとなったのである。

設計監理は㈱伊藤・梅原建築設計事務所に委託し、三月末の竣工予定で急ピッチの工事が進んでいった。

同年三月三十日（月）るんびに学園において、新学習棟の竣工式が厳粛に執り行われた。

新学習棟の建設は、地元業者の上田工業㈱が請けて、冬期の工事にも拘わらず誠心ご努力のお陰で計画通りの竣工の運びとなり、鉄骨構造二階建て床面積一二六㎡、一階は訓練室（二部屋）、二階は教室（三室）が完成した。

この度の建設にあたり、後援会の皆々様からの建設特別寄付金を賜りましたこと篤く御礼申し上げる。また、財団法人ＪＫＡ様（旧自転車振興会）から建設補助金として、金一千九百二十六万六千円を頂戴した。

さらに、綾部市より建設補助金として一百万円を頂いたのである。

二〇一七年（平成二十九）十一月二十一日（火）、四方源太郎議員の提案を受けて、京都府議会の府民生活・厚生常任委員会委員の皆様十一名がＫＢＳ京都（テレビ局）とともに視察で来園された。

知事の代理として野村賢治中丹広域振興局長様が「るんびに学園」の紹介をされた後、委員からの質問に答えるかたちで、高野家庭支援課長、藤理事長、髙橋園長が説明した。そのあと、川勝副園長の案内で施設内を見学された。

藤理事長からプレハブの「分教室」を木造に建て替える件で、一般小中学校のように綾部市が負担を負うのではなく、近畿一円から子ども達が来ている特殊な事情を汲んで、特例を検討して頂きたいと、要望をなされた。

この日の様子は十二月二十四日にＫＢＳ京都の「府議会ＣＡＦＥ京都」という番組で放映された。

学園開園一〇周年記念式典

二〇一三年（平成二十五）六月一日、綾部市の京綾部ホテルで、皆様の《真心の結晶》である「るんびに学園」開園一〇周年『感謝のつどい』を開催させて頂くことが出来た。

藤理事長は、「二百余名の皆様にご臨席頂き、盛大で心温まる行事となりました。これひとえに、ご臨席頂いた皆様は勿論、所用でご臨席頂けなかった皆様、既にご往生なされた皆様方のご芳情の賜物と存じ、有り難く厚く御礼申し上げます。」とご挨拶を申し上げた。

午前十一時、記念式典は「るんびに学園」の中学生「鼓綾」の和太鼓演奏で開式。虐待や養育放棄の辛い過去を乗り越えて懸命に生き直そうとしているその姿に、大勢の皆様が感動され、割れるような拍手を送って下さった。開会のご挨拶に続いて、京都府子ども政策監・松村淳子様の代読で京都府知事・山田啓二様の祝辞、綾部市長・山崎善也様の祝辞。来賓紹介・祝電披露の後、これまで高額のご協力を頂いた皆様を代表して、中西喜次様（当法人理事）に感謝状と記念品を贈呈。記念講演は、龍谷大学教授・友久久雄先生が、最近の子ども達の現状と対応策を、ユーモアを交え解り易くお話し下さり、大好評であった。

午後一時、祝賀会は全国後援会・松永大徳会長の開宴の挨拶に続いて、本願寺派社会部長・楠秀峰様の代読で、本願寺派総長・園城義孝様の祝辞。前綾部市長・四方八洲男様の乾杯の音頭で祝宴に入った。

祝宴の途中、全国情緒障害短期治療施設協議会会長・平田美音様、京都府児童福祉施設連絡協議会会長・桑原教修様の祝辞。この直後、京都府知事・山田啓二様が到着され、改めて心のこもった祝辞を頂き、最後までお付き合い下さった。

舞太鼓あすか組主宰・飛鳥大五郎様の祝辞の後、「るんびに苑」の原点である茨木・るんびに太鼓の中学生による和太鼓の演奏。万雷の拍手の中、京都後援会・村上晨一郎会長の閉宴の挨拶。続いて、青木謙整様のご発声で万歳三唱。大きな盛り上がりの中、和やかに全ての行事を終えることができた。

この一〇年で、少しは皆様の負託にお応え出来たかと自負するも、まだまだ課題山積である。これを機に、職員達と共々に初心に立ち返り、精進努力させて頂くことを決意した、大きな節目であった。

京都後援会設立一〇周年記念事業

二〇一三年（平成二十五）十月五日（土）、京都後援会設立一〇周年を記念して、京都市二条駅前の京都府医師会館で、「記念講演会」を開催した。

講師に宗教学者・山折哲雄先生をお招きして、『山折哲雄・青少年問題を語る』と題して講演をお願いした。

「るんびに学園」が京都北部の綾部市にあるため、京都府の子どものための重要な施設でありながら、これまで京都市内の皆様にはその存在すら知られていなかった。そこで、子ども達の現状、「るんびに学園」の現状等を知って頂き、支援の輪を大きく広げる目的で開催したのである。

山折先生の深い洞察に裏付けられた講演は、百五十余名の皆様の心に深く届いた。また、開会にあたり和太鼓を演奏した学園の中学生『鼓綾』のメンバーの真っ直ぐな姿が、大きな感動を呼び起こした。最後は、全ての始まりとなった茨木の『るんびに太鼓』の友情出演で締めくくった。

これに先立ち、綾部から参加された皆様に、本願寺のご厚意で、一般公開していない国宝の書院や飛雲閣を拝観させて頂き、大変喜んで頂いた。初めての取組みであったが、村上晨一郎会長はじめ役員諸氏の献身的なご尽力で、大成功と言っても過言ではない。これで、「るんびに苑」の輪が大きく広がるに違いない。

相次ぐ重鎮の逝去

二〇〇四年（平成十六）八月七日（土）午前六時十五分、川勝和幸施設長（園長）逝去の知らせが入った。行年七十二歳。まだまだ学園のためにご尽力頂きたかった。

私はすぐに寄氣会長に電話連絡と全国後援会と京都後援会の役員全員に「訃報」のＦＡＸ連絡をとった。京都府園部町の「いちたにホール」にて、八日（日）通夜、翌九日（月）葬儀式が執り行われた。

川勝施設長は、二〇〇二年二月に出会い、即刻、学園建設へ向けて、学園の施設運営について参画頂き、豊富な経験を以って、二〇〇三年六月一日開園に漕ぎつけ、その土台を造って頂いた。僅か二年半の短い期間ではあったが、藤理事長の片腕としてご尽力頂いたことは特筆に値する。しかし、反面、職員との意思疎通については、川勝施設長によって隔離された感じで、藤大慶の「こころ」を百％理解させせるに至らなかったことが心残りであった。

二〇〇五年（平成十七）十二月十三日（火）、全国後援会会長・ＮＰＯ法人るんびに理事長の寄氣恵山氏がご逝去なされた。

寄氣会長は、「るんびに苑後援会」の産みの親であり、一九九三年（平成五年）五月二十九日に後援会を設立以来、初代会長として十二年六ヶ月もの長きに亘って、物心両面から先頭に立ってご尽力を賜った。

次の文章は、「るんびに学園だより」にも掲載した藤理事長の弔辞である。

寺本悦雄先生のご紹介で、初めて覚林寺様の定例法座にご縁を頂いて以来二十二年。寄氣先生とご家族・門信徒の皆様には、言葉に尽くせぬご厚情、身に余るご支援を頂いて参りました。

一九八三年（昭和五十八）三月十七日、初対面の寄氣先生の胸に着けられた赤いリボンが目に留まり、お尋ねして見ますと、この地区で展開されている挨拶運動のリボンだとのこと。いろいろ伺う内に、青少年問題への取組みの大きなヒントを頂き、以後大変なご厚誼を頂くことになる記念すべき日となったのであります。

一九八六年（昭和六十一）に、苦悩する中高生のよみがえりの場『るんびに太鼓』を創設。「下新庄・若中太鼓祭り」や「花まつり」にも呼んで頂くようになりました。

一九九一年（平成三）の夏には、奈良県吉野の皆様、トラックを寄進して下さった故・塩山進様等のご協力を得て、廃校の旧丹生小学校の廃校舎で『短期るんびに苑』を開催。最終日前夜の発表会「るんびにの夕べ」には、大阪からも沢山の皆様にお越しいただきました。寄氣先生は、毎回大勢の門信徒の皆様と共に、観光バスで駆けつけて下さいました。

一九九三年（平成五年）五月、苦悩する青少年のよみがえりの村『るんびに苑』の創設を目指して『るんびに苑後援会』が発足。寄氣先生には初代会長として大変なご心配・ご苦労をおかけすることになりました。「若かったら私がやりたいことです！　不肖・寄氣恵山、体力・気力の続く限り全力を捧げる覚悟であります。」と、文字通り、最期の最後まで力強く支えて下さいました。

バブル経済の崩壊、阪神淡路大震災、岡山の桃畑購入計画の挫折等の結果、当初の計画であった財団法人の設立を諦めて、厚生労働省がその設置を督励していた「情緒障害児短期治療施設」へと計画を変更、京都府綾部市の四方市長の助力を得て、二〇〇三年（平成十五年）六月、やっとの思いで『るんびに学園』を開園することができました。

この間、何度も行き詰まり、その都度ご報告に上がると、顔色もお変えにならず、「分かりました。何事も思いどおりには成りません。しかし、ちゃんと成るように成ります」と仰るのです。精神的にも経済的にも、どれだけ支えて頂いたことでありましょう。また、ご協力を頂いた二千余名の皆様の大半は、寄氣先生への信頼があってのことであります。

今、改めて先生の偉大さを感じ、そのご恩の深さに身が震えます。

『るんびに学園』が開園して二年半、まだまだ完璧とは言えませんが、それでも職員達が溢れる情熱で、その不足部分を補ってくれております。お陰様で、全国的に高い評価を頂くまでになりました。

今後も先生に支えられながら『るんびに苑』の一層の充実を願って、体力・気力の続く限り、身を捧げたいと思います。今生で何一つご恩返しも出来ないままのお別れとなってしまいました。直接お目にかかっていると照れ臭くて、通り一遍のお礼の言葉になってしまいます。今生最期のお別れにあたり、せめて心からの感謝の念をお届けせねばと思い立ちましたが、やはり上手く意を尽くせません。月並みながら、寄氣先生、ほんとうに有難うございました。

合掌

全国後援会は、後任会長選任まで松永大徳副会長が会長代行としてその任をお願いしてきた。二〇〇六年（平成十八）七月五日（水）、第十三回定時総会において、豊原大成師（西宮市・西福寺住職）が満場一致で後任会長に選任し就任頂いた。

全国後援会設立二〇周年記念事業

二〇一四年（平成二十六）三月二日（日）、大阪弥生会館「六甲の間」において、全国後援会「設立二〇周年感謝の集い」を開催し、子ども太鼓の児童たちも含めて百三名の多数が参列して和やかに盛会裡に終えることが出来た。

午前十時四十五分、開式に先立ち、ＮＰＯ法人菩提樹主催の「子ども太鼓交流広場」の児童達九名が元気溌溂にオープニング演奏を行い、会計監事の阪井輝昭さんの司会によって開会した。

開式にあたり、全国後援会の長谷川毅正会長代行が、二〇年のあゆみを振り返って発願者・藤大慶師のプロフィール〈るんびに苑と人生〉を織り込んでのご苦労の足跡をご紹介された。

そのあと、京都後援会（設立一〇周年記念講演会を昨年十月五日に開催）の村上晨一郎会長から、二〇年間にわたってご支援下さった全国の三千有余名の方々の篤き思いに感謝の意を述べられた。また、「るんびに学園」開園一〇周年を迎えて、髙橋正記園長から、施設の運営状況並びに抱える課題等について詳細の報告がなされた。

そして、開宴に先立ち、特別企画（初めての）「るんびに太鼓」のOBを代表して、羽田晃康さん、蔵田裕輔さん、阪本忠弘さん、柴田裕子さんにご登壇頂き、松尾正隆事務局長の進行で「パネル討論」が行われた。

発願者の藤大慶師が、頻発する青少年の諸問題を前にして「何とかしなければ……」と、一九八六年に「るんびに太鼓」を創設され、悩み多き中高生たちに和太鼓を叩かせながら、青少年の甦りに尽力されて二十八年の歳月が流れた。そして、多くの若者たちを社会に送り出されたのである。

午後十二時十五分、四方八洲男・前綾部市長のご発声で祝杯を挙げて宴が始まった。

大宴たけなわの頃、松尾正隆事務局長が制作した画像で観る「るんびに苑二〇年のあゆみ」を大スクリーンに映しながら、元後援会副会長の稲葉芳道（法泉寺住職）氏から、後援会が出来る前の奈良県での「短期るんびに苑」（五年間）をお世話頂いた頃のエピソードをご披露下さった。また、

「るんびに太鼓」創設の初代指導者としてご尽力下さいました、秦富士夫氏（太田公民館長）から立ち上げの頃を回顧したスピーチを頂戴した。引き続いて、本日のメーンイベントに登場したパネラーの四人による即興の和太鼓演奏も会場を盛り上げてくれた。

最後に、発願者の藤大慶師（法人るんびに苑理事長）から、苦節二〇年の想いを込めて感謝、感激の言葉を頂き、「るんびに太鼓」の若者たちによる躍動あふれる和太鼓の演奏によりフィナーレを飾ってくれた。

延々四時間にも及ぶ集いはアッという間に終宴に近づき、京都後援会顧問の青木謙整氏のご発声で「万歳三唱」を行い、末本弘然副会長（ＮＰＯ法人菩提樹理事長）の閉会の言葉で楽しいひと時の幕が下りた。

全国でも稀な優良施設に誇り

るんびに学園の開園から五年ほど経過してから、京都府下の民生児童委員協議会様をはじめ各団体様の施設見学が絶え間なく続いている。そして、全国に施設の存在が知れ渡ったのであった。学園は、開園以来事故もなく、不祥事もなく、誠実、着実に運営が出来たことは藤理事長にとって最大の誇りであった。

浄土真宗本願寺派の各寺院の仏教婦人会様や後援会の会員の皆様、小学校のＰＴＡ役員の皆様など多岐にわたる方々の来園に、藤理事長自らが応対して、ますますその評価が高まり、その輪が広がって行ったのである。

◆天皇陛下より「御下賜金」伝達式

二〇一七年（平成二十九）十二月二十一日（木）、天皇誕生日に先立ち、京都府知事代理として、中丹広域振興局長の野村賢治様が来園され、天皇陛下よりの「御下賜金」の伝達を頂いた。

毎年、各都道府県の福祉施設より一施設が選ばれ拝受するのだそうで、歴史も浅い「るんびに苑」が選ばれたことは、職員、教員諸君の《尽力》と、支えて下さる会員の皆様の《真心》が評価されたものと、洵に嬉しく有り難く拝受いたしたのであった。

◆藤理事長に「正力太郎賞」

二〇一九年（令和元年）五月三十日（木）、全国青少年教化協議会（森川宏映理事長）より、藤理事長のこれまでの活動が評価されて「正力松太郎賞」を頂くことになり、東京グランドホテルでの授賞式に聖子夫人を伴って出席された。

授賞式では、明治初期に開設され、現住職になって本格的な演劇活動に取り組まれている下関市の徳応寺日曜学校（戸﨑文昭住職）と共に、鬼生田俊英理事長より、正賞と副賞（五十万円）を拝受された。授賞式後の祝宴では、各宗派の高僧方、読売新聞・よみうりランドの役員諸氏、報道各社より、身に余るご祝詞を頂き恐縮した。と、終えてからの感想であった。

問題を抱え苦しんでいる子ども達に、本来の輝きを取り戻して欲しいという無一物の藤理事長の思いに、同じ思いを持っておられた約四千余名の皆様の無償のご協力、これに支えられた諸活動のスタッフ諸君、「るんびに学園」の職員・教員諸君の尽力が、高く評価されたのである。三十数年にわたる皆様方のご協力に、改めて厚く々々御礼申し上げたい。

副賞は全額、施設整備（宿舎・分教室新築）に寄贈頂いた。読売新聞の記事を読まれた見知らぬお方から、高額のご寄付まで頂戴した。

同年六月六日（木）、第六十二回理事会開催のあと、綾部市内で理事会主催の「正力松太郎賞」受賞のささやかな祝宴を行い、藤理事長の栄誉を称えた。

学園開園二〇周年記念式典に思う

二〇二三年（令和五年）十月二十一日（土）、綾部市・日東精工アリーナの武道場において、「るんびに学園」開園二〇周年記念式典が開催された。

この式典に、藤大慶の姿が見えないとは、誰が想像できただろうか。

会場には、故藤大慶師の献花台が設けられ、参列者がそれぞれに遺影に向かって合掌、お別れのご挨拶をいたした。

開会は、学園の「鼓綾」和太鼓の演奏により開式、長谷川毅正理事長が挨拶を行い、ご来賓として、京都府知事代理の健康福祉部家庭支援課長・能勢文音様、綾部市長・山崎善也様、全国児童心理治療施設協議会副会長・野坂猛夫様から祝辞を頂いた。

ご来賓の紹介、祝電披露のあと、学園の児童による和太鼓の演奏を行い、髙橋正記園長より学園の現況報告がなされた。

最後に茨木市・るんびに太鼓の和太鼓演奏で締めくくった。

藤さん亡きあと、私が元理事の立場で参列させてもらったが、二〇周年の大きな節目、しかも初代理事長がこの年六月に浄土に召されたのに、開式の折にご尽力頂いた重鎮の物故者（理事長室に掲げられている遺影の方々）に黙祷を捧げて欲しかった。また、理事長の挨拶に学園誕生の苦節、藤前理事長の苦難と偉業を称え、全国のご協力ご支援の「善意の輪」の皆様方に甚大なる感謝の意を述べて欲しかった。できたら一〇周年の時と同様に、ご協力金ご支援の方々に感謝状の贈呈もして欲しかった。そして、開園以来、職務に携わった二〇年勤続の職員に永年勤続の表彰もして欲しかった。

藤さんと私は節目を大事に、思いを新たに意義あらしめることに気配りしてきただけに、それが受け継がれなかったことに情けない思いをさせられたのである。浄土から見守って頂いている藤さんもご満足なされていないに違いない。と、一人悔やんだ次第である。

開園からこの日まで、まさに感動の嬉し涙と悔し涙の二十年であった。

第７章　発症児の心理治療とＮＰＯ活動の両輪

「藤さんは綾部で発症の子ども達の心理治療に専念され、
私は当地でＮＰＯ活動に携わっていきたいが、どうですか」
藤さんは私の提言に賛同してくれた。
こうして、ＮＰＯ菩提樹は発足し、
「子育て支援」と「地域コミュニティーの街づくり支援」
事業を始めた。
社会福祉法人とＮＰＯ法人との両輪の展開である。
その手応えは数々の事業展開の中で実感したが、
地域の方々に感謝されながら、十九年間の幕を閉じることとなった。

NPO法人菩提樹を設立

「るんびに学園」は、情緒障害の児童の心理治療施設である。このような施設を沢山作るようでは日本の将来が危うくなる。私は藤さんに、この施設は発症の児童に必要な施設ではあるが、現状の問題解決は現象に手を打っているだけの福祉事業でしかない。根本は社会構造の変化に伴う歪みが、子ども達の問題行動になって表面化している。政府も行政も現象を追っかけて応急処置を施しているだけである。現象から要因解析をすれば、一次要因→二次要因→と、「それは何故？　何故？　何故？」の追究を五回まで突き詰めれば真因が見出せる。

不登校や児童虐待が起こらないような、家庭環境、社会に変えなければ、真の解決にはならないと申し上げた。

かと言って、政府や行政のやり方改革なんぞへの提言は至難の業、せめて私の住んでいる高槻市、茨木市の狭い範囲でもいいから、「予防処置」の施策に取組んでみたい。すなわち、非営利事業のNPO法人を設立して「親子のコミュニケーションづくり」や「地域コミュニティーの街づくり支援事業」に注力したいと具申したのである。

藤さんは綾部で発症の子ども達の心理治療に専念して、私が当地でNPO活動に嵌ってみたいということに、藤さんは異論なく賛同してくれた。

るんびに学園の建設工事が始まってから、NPO法人設立へ向けて準備を始めた。そして、学園の開園と同時に、二〇〇三年（平成十五）七月一日、「特定非営利活動法人るんびに」（ＮＰＯ）の認証を得て、法人登記手続きが完了した。

茨木市から委託施設事業

二〇〇四年（平成十六）一〇月、茨木市議会の山本隆俊議員（茨木市総持寺・浄土真宗本願寺派稱名寺住職・るんびに苑後援常任幹事）が私の許へ来宅され、子育て支援事業の一環として、乳幼児を抱える母親とその子どもが気軽に集える施設「つどいの広場」設置について、北摂七市の先陣を切って茨木市が取込むことが議会で決まった。ついては、私が展開しているＮＰＯ法人活動の事業に取込んだらと、情報を持ち込んでくれた。

これは、虐待防止の予防措置として施設運営を市民活動に委託して、その運営費を厚生労働省と行政が助成する制度である。

早速、茨木市役所へ出向き、山本議員を介して行政の窓口を紹介してもらった。私どもは二つのＮＰＯ法人組織を有し、「菩提樹」が高槻市、「るんびに太鼓」が茨木市に事務局設置となっていたので、行政から「茨木市に存在するＮＰＯ法人さんが申込み申請をして下さい」という、その必要書類と手続き説明を受けて帰った。行政窓口の事業だから、これまた沢山の書類作成が伴った。綾部にいる藤理事長に相談すると「是非、実現して欲しい」との要請もあって、私としても願ってもない事業の柱ができたのであった。

この年の暮れには、茨木市東部エリア・東太田地区に設置することで委託事業の承認が下された。さっそく施設の設置場所探しをはじめた。

東太田、太田地区には賃貸住宅が結構あったが、環境面から最適地がない。〝灯台下暗し〟東太田の西福寺の入り口に平屋建ての三軒長屋の賃貸住宅があり、一番手前の貸家が空き家の様子、家主さんを尋ねると、西福寺の門信徒さんの下村さんと判明した。

さっそく下村家を訪問して事情を説明、快く受け止めて頂いた。内装、外装は当方がすることで、敷金なしの家賃も特別にご配慮頂いて契約書を交わした。

私の知人の工務店の社長に内装の費用見積をしてもらい、早急に工事を進めてもらった。三月に入って、内壁と外壁のペンキ塗りは我々素人が数日間かけて塗った。ボランティア活動であった。

◆「るんびに広場」開設セレモニー開催

こうして、二〇〇五年（平成十七）四月二日（土）、スタッフの皆さんが集って「るんびに広場」の開設式を行った。

ご来賓として、大阪府議会議員の森みどり氏、茨木市議会議員の山本隆俊氏にご臨席頂き祝辞を頂戴した。そして、スタッフ（有償ボランティア）十六名に委嘱辞令を藤慶哉代表理事から手渡した。

設立の趣旨は別掲の通りである。運営は、

●開設　毎週月曜日から金曜日までの五日間
●時間　午前十時から午後四時まで
●休館　土・日曜日、お盆、年末年始
●参加　参加の登録後、ご都合の日時に、いつでも、気軽に利用できます。
●対象　乳幼児（〇歳～三歳）をもつお母さんと幼児（就学前の上の子同伴可）
●世話　子育てアドバイザー二名が常駐
●費用　無料…国・府・市の支援で行われている事業です。

この広場では次の四つの事業を行う。

① 子育て親子の交流、つどいの場の提供
② 子育てに関する相談、援助の実施
③ 地域の子育て関連情報の提供
④ 子育て及び子育て支援に関する講習会の開催

「るんびに広場」設立の趣旨

乳幼児（〇〜三歳）を持つ母親とその子どもが気軽に集い、打ち解けた雰囲気の中で語り合い、交流を図ることや、ボランティアを活用しての育児相談などを行う場を身近な地域に設置することにより、子育て中の親の子育てへの負担感の緩和を図り、安心して子育て・子育ちが出来る環境を整備し、もって地域の子育て支援機能の充実を図ることを目的として設置する。

◆「子育てを楽しもう」

二〇〇六年（平成十八）一月九日（水）、アドラー心理学の嶋田香弥子先生を広場にお迎えして幼児を育てる母親の皆さんにお話しして頂いた。

子どもの誕生時には親の援助が必要だったことが、子どもが成長すると共に、子ども自身が出来ること・すべきことが増え、親の援助を必要としなくなります。そんな時にいつまでも親が手を貸し、指示をしていると、自分で行動しない子、考えない子、学ばない子になり、親へ責任転嫁するようになります。躾をしなくちゃというより「あなたが大事、愛してるよ」と子どもの話にしっかりと耳を傾け、良いところを探してあげることが第一です。

嶋田先生からのメッセージ
「親でいるだけで素敵なこと」
「大丈夫、大丈夫。人は完璧じゃないからいいんだヨ」
ぽかぽかと心温まるお話であった。

◆地域子育て力を高める取組み

るんびに広場は三年目の春を迎えたが、家主様より建物の建て替えの意向が伝えられ、六月から九月までの間仮住まいの広場を開設して、四か月ぶりに「ボヌール」という賃貸住宅（二階建・四所帯）が完成し、新たに一階の一〇一号室を賃借して再開することになった。

二〇〇七年（平成十九）九月三〇日（日）、西福寺の本堂において、新しい広場のお披露目を兼ねたオープニングイベントを開催した。

生憎の小雨であったが、利用者のパパと一緒に二十組の親子が集われた。藤慶哉代表理事から「つどいの広場の役割と子育ての父親の役割」についてお話をされ、今後とも積極的なご利用を勧められた。

そのあと、昔懐かしい衣装で登場の紙芝居、太鼓の音やクイズの景品に頂いた剣やおもちゃ、水飴を挟んだおせんべいはパパやママに大好評であった。さらにはピエロの装束のバルーンアートのお兄さん。参加された皆さんに素敵な作品を作って頂いた。また、境内ではスーパーボールすくいをして楽しいひと時を過ごして頂いた。

厚生労働省は子育て支援事業の充実策として、本年度より旧来の広場事業のほかに、出張広場の実施と地域子育て力を高める取組みの実施が「加算事業」として組み込まれた。

るんびに広場では、「地域子育て力を高める取組み」として『父親サークルの育成など、父親の子育てに関するグループづくりを促進する継続的な取組み』を月一回開催することで、四月より新たな取組みを始めた。

広場事業も軌道に乗って来たので、二〇〇八年三月末で私はこの事業から手を引いた。NPO法人菩提樹の活動の充実を図ることに注力するためであった。

親子のコミュニケーション円滑化支援

二〇〇六年（平成十八）四月、子育て支援事業の一環として、親子のコミュニケーションの場を提供し、親子で楽しいひと時を過ごして頂き、子ども同士、親同士の交流の場になるよう「親子ふれあい太鼓教室」を開講した。

会場は高槻市立磐手公民館（無料）で、月二回（第二、三土曜日）の午後三時～五時までの二時間とし、太鼓のレッスンは村下正幸氏（るんびに太鼓のOB）に指導をお願いした。

六ヶ月間（一〇回）コースで初めての試みであったが、親子六組十八人が参加され、終始和やかな雰囲気の教室としてスタートしたのである。

親子のコミュニケーション講座は、茨木市西河原コミュニティセンターを会場に四回シリーズで開講、講師は私・副理事長が担当した。親子七組十六名が参加した。

①　第一回　六月二十五日（日）
②　第二回　七月九日（日）
③　第三回　八月五日（土）
④　第四回　九月九日（土）

第一回目の講座で、私は十六名の子ども達（小学生）に尋ねた。

「朝起きてお父さん、お母さんに〝おはようございます！〟と、大きな声で挨拶している子は手を挙げて……」と投げかけた。すると、手を挙げたのはたったの二人であった。手を挙げた子に

「君は手を挙げたので夜は〝おやすみなさい〟と言って寝るんだね」

「ハイ！」

教室の後ろの方にお父さん、お母さんが座っておられますが、先ずは親から「おはよう！」「おやすみ！」と大きな声を発して下さい。反応がなかったらもう一度「おはよう！」と言ってあげて下さい。子どもが「おはようございます」と言うまで繰り返して下さい。

親が子どもに「こら、挨拶をせんか！」これでは「ハイ」とはなりません。何故なら「挨拶をせんか」は手段だからです。なぜ挨拶するのか、その目的を言ってあげることです。朝は気持ちよく起きた。今日も張り切って学校へ行くぞ、と元気溌溂さを示すために「おはようございます」と大きな声で挨拶するんだよ。寝る時は、今日も一日が無事に終わった、また良い朝が迎えられますように、と「おやすみなさい」の言葉を大きな声で発して床につくんだよ。と言ってあげれば子どもは「うん、そうか」と納得してくれます。

太鼓教室では、「礼に始まって、礼に終わる」ことを基本にします。太鼓を始めるときは、先生に教えを乞うのですから元気よく「お願いします！」と大きな声で挨拶をします。終わる時は教わったのですから、「有難うございました！」と大きな声で感謝の気持ちを伝えるのです。

◆挨拶のできる子はコミュニケーションもできる

翌月の第二回目の講座の時に、T君のお母さんが「私のところは大きなマンションで、住んでる方と出会っても挨拶を交わすこともないんです。朝でしたが、エレベーターに乗り合わせた奥さんに、うちの子どもが〝おはようございます〟といってお辞儀をしたもんですから、その奥さん、〝あら、お早うさんです〟と応えて下さったんです」と報告して下さった。

もう一人のお母さんは、親子で太鼓を叩くようになってから、家庭の中がパッと明るくなったような感じです。子どもとの会話が増えて、何でも話してくれるようになりました。との言葉も頂いた。

私は、そのお母さんに、お子さんと対話をする時はしっかり耳を傾けてあげて、「否定語」を使わないように心がけて下さいね、と申し伝えた。親子のコミュニケーションがうまくいかないのは「否定語」で子どもの話を遮っていることに気付かない親御さんが多いことである。親が子どもに「勉強しなさい。勉強しないと良い学校に入れませんよ」、これが真に「否定語」である。「肯定語」では「勉強すれば良い学校に入れるんよ」と言う。すると子どもは「そうか、僕も勉強すれば良い学校に行けるんだ」と納得するものである、と。

お母さんも仕事に就いている方も増えて、子どもがカギっ子になるケースも多い。お母さんが勤めから帰った時、子どもに「おりこうさんしてたね」と子どもを抱きしめてあげてのスキンシップの大切さ。子どもが学校でのことを話そうとするのに「お母さん疲れてるんよ。後にして……」。

これでは子どもは話さなくなってしまう。これが親子の対話がなくなった要因であることに気付かない親御さんが多いことも事実である。

◆「怒る」と「叱る」の違い

人間のハート（心）には、理性・知性・感情・本能という四つの機能を内在している。そして、リーダー的存在は「理性」である。その理性がコントロールし得なくなった時に、取返しのつかない不祥事が起こるのである。

怒鳴りつけるのは、感情から発して「こらぁ、何度言うたら判る。バカもんが！」と大声を発してしまう。これでは怒鳴られる方も感情で受け止めるから「何言うとる、偉そうにしやがって」……となってコミュニケーションは成立しない。コミュニケーションは日本語では「相互理解」である。

知性で行動するのは、公職にある人が郵便局強盗を働く、金策に走り、切羽詰まって〝強盗〟に走る。理性がコントロールしていれば強盗はしなくて済む。

本能で行動するのは、夜道で女性を襲い強姦する。電車の中で女性の身体を触る。捕まってみれば、警察官であったり、学者先生であったり。これも理性が機能しなかったために起こる不祥事である。

「叱る」ことは理性から発しての行動である。「君、何回言わせるんだ。もう五回目だよ。君の事を思うから注意してんじゃないか……」この言葉を受けて感情からの態度を取る者はいない。

前述の「否定語と肯定語」の大きな違い。「感情＝怒る」と「理性＝叱る」の違い、これを大人が弁えて子育てにあたるならば、不登校も虐待も起こらないと確信しての支援活動にあたったのである。

ある時、法人の理事会の席で、藤理事長が職員のA君を怒鳴りつけたことがあった。全理事さんの前で怒鳴りつけられた職員はたまったものではない。会議が終わってから、私は藤理事長に、

「みんなの前で怒鳴りつけては逆効果にしかなりませんよ。『怒る』んではなく『叱る』ことが大事です。それも叱る時は一対一でやって下さい。すると叱られた方は真剣に受け止めて反省してくれますから……」と申し上げた。

「そうか。申し訳なかった。今日、学園に戻ってから彼と一対一で、じっくり話をするよ」と藤さん。

次の機会に学園に出向いた私に、その職員から「松尾理事、私は理事長を誤解していました。これまでも何度も怒鳴られてきました。自己反省がないために行動変容が出来ておりませんでした」と、素直に話をしてくれたのであった。

これがコミュニケーションである。

若いお母さん方、「喜怒哀楽」の使い分けを適切にしましょうね、と申し上げてきたのである。

◆法人の名称「るんびに」→「菩提樹」に改称

当法人の名称変更について、二〇〇七年（平成十九）十月二十二日（月）開催の理事会ならびに臨時総会において承認頂き、大阪府の窓口に定款変更手続きを経て改称した。

るんびに苑グループの組織で、「社会福祉法人るんびに苑」と「ＮＰＯ法人るんびに」、「ＮＰＯ法人るんびに太鼓」があり、特に二つのＮＰＯ法人での〝るんびに〟が関係者から紛らわしいなどとの声もあって、当法人の名称を「特定非営利活動（ＮＰＯ）法人菩提樹」に変更することになった。大阪府からの認証通知の日をもって改称した。

ナムのひろば文化会館がオープン

ＮＰＯ法人菩提樹を設立以来、高槻市で行政との協働事業への取組みを展開してきたが、〝総論賛成各論反対〟の如く、具体的になると行政は逃げ腰になる。和太鼓を叩ける公民館も限定され、会場予約もルールは毎月初めに申込をして複数の時は抽選という。教育委員会の社会教育課長と随分議論を重ねて、やっと磐手公民館の六ヶ月間の予約で、という有様で事業の運営に苦慮した。そんな中で、茨木市の西河原コミュニティセンターは年間予約ができるとのことで、高槻市から撤退し、茨木市で活動を始めた。そして、末本理事長にも何度か足を運んで頂いていた。

そんなある日、私は池田市の正福寺に末本理事長を訪ねた。二度目の訪問であった。正福寺の境内の隣に雑草が生い茂る老朽化した建屋がある。

「この建物は何ですか」

「ここはスズキ自動車の社員寮です。今は廃墟になっています。」

私は末本理事長に「スズキ自動車でしたら、オーナーの鈴木会長に直接お会いして、ＮＰＯ法人に提供して頂くよう折衝しませんか」と投げたのである。

それから一年ほどが経過してから末本理事長から「スズキ自動車の不動産を管理している子会

社から、更地にしますので正福寺さんで買い取って頂けませんか」と打診してきたとの報告があった。
私が常設の会場を念願していることを承知していた末本住職（理事長）は、熟慮断行の末、寺に隣接する三百坪ほどの土地を購入し、文化会館を創る決断をされたのである。

かくして末本住職は多額の借財をして「ナムのひろば文化会館」を建設された。そして、理事長として次のようにメッセージを発せられた。

世の中が混沌としています。政治、経済、社会の営みが本来のあるべき姿を見失い、十分に機能せず形骸化しています。

人は自己中心的な欲や利権を追い求めるあまり、今ある〝いのち〟の有り難さや導きに気づこうとせず、ただ、疑心暗鬼と憤りの生活を送っているように思えてきます。

加えて東日本大震災です。福島原発の大事故も併発し、未曾有の災害となりましたが、依然として、人生の指針を大転換する気運も湧き起こらず、不安と虚しさを増大させているのが現状です。

「世の中安穏なれ　仏法弘まれ」これは浄土真宗を開かれた親鸞聖人のお言葉ですが、親鸞聖人は、およそ八百年前、今と同じように乱れた世に、仏法という「まことの教え」（仏教）を説いて、人びとの救われる道を示し、弘めて下さいました。

親鸞聖人のお流れを汲む正福寺では、ご往生からちょうど七百五十年目という節目の年に、三百坪足らずの北・新境内地を取得し、「仏法弘まれ」との聖人のお心を体して、人びとに人生の充実と安らぎを得ていただくための施設「ナムのひろば文化会館」を建設いたしました。（十一月十日落成記念式典挙行予定）

地域の人びとの暮らしと共にあった仏教寺院（お寺）が、今、その存在感を失くしつつあります。特に都市部では、葬儀の簡素化をはじめ仏事そのものが行われなくなり、お寺の門をくぐる人さえ、まれな状況になっています。

こうした厳しい状況の下、お寺が再び人びとの生活の中に復活し、その本来の役目を果たすにはどうすればよいのか。お寺が取組むべき課題と展望を具体化し、その一部を「ＮＰＯ法人菩提樹」が運営にあたることで次年度の事業計画を策定いたしました。

◆寺院の社会的位置づけ

・心の安らぎを与える場として（宗教的な受け皿）

＊悩み、不安、憎しみ等の心の痛み苦しみが解される場

＊自我中心の価値観が転回されて、自分を取り戻す場

＊聞法を通して自分が知らされ、生死を超える拠り所が与えられる場

・地域交流の場として（社会的つながりの中での役割）

＊同世代や異世代の人びとが触れ合う中で、連帯や絆を築いていく場
＊自己発揮や社会人としての自覚を養うことにより、お互いの存在を尊重し合う場
＊儀礼を行って、各人生の節目に、より大きな営みの中にいる自己を知る場

◆寺院にどういう社会的な活動ができるか

・世の中安穏なれ（人びとの苦悩に寄りそう）活動…ＮＰＯ法人菩提樹が中心
・地域コミュニティーの街づくり支援
＊親子ふれあい太鼓広場
＊親子ふれあいテコンドー広場
＊親子で楽しむペイント工房
＊高齢者と子どもの交流広場
＊高齢者を支える介護広場
＊子どもふれあい書道教室
＊子ども太鼓交流広場
＊自主利用講座として、ピアノ教室、日本舞踊教室、二胡音楽教室、しの笛（横笛）教室、
　ギター弾き語り教室、ヨガ体操教室、フラワーアレジメント教室、ふれあい囲碁教室等々

また、サンガホールでは毎月一回のコンサートや講演会を開催し、地域に開かれた活動をＮ

ＰＯ法人菩提樹が積極的に展開いたします。

そして、二〇一二年十一月一〇日（土）、「ナムのひろば文化会館」の落成記念式典が盛大に挙行された。

第一部で落慶法要がしめやかに執り行われ、第二部で落成記念式典が挙行され、感謝状贈呈の後、住職のご挨拶、来賓祝辞（三氏）で「るんびに苑グループ」を代表して、事務局長の松尾正隆が祝辞を述べさせて頂いた。

そして、第三部で祝賀太鼓の演奏を村下正幸氏（蓮風代表）らが津軽三味線と力強い和太鼓の演奏を行い、特別講演で安倍昭恵氏（元安倍晋三総理大臣夫人）が「いのちの見つめ方」と題して講演が行われた。

NPO法人菩提樹設立一〇周年記念事業

ＮＰＯ法人菩提樹は「設立一〇周年記念事業」の大きな柱として、平成二十五年度事業計画を策定し、大阪府池田市の「ナムのひろば文化会館」を舞台に、次の事項を明確にして、四月から各種文化講座を開講した。なお、同会館の管理運営を当法人が担うことになった。

◆事業の目的

“わが振り見て、わが振り直す”ミラーを通して形が見る見る変化した子ども達～ＮＰＯ法人の会員有志から寄贈された大型ミラー
2015.10.21

梅田のスカイビル特設ステージで演奏する子ども太鼓　2017.5.5

昨今の社会問題は目を覆いたくなる悲惨な事故、事件が多発している。それは今、共感・共生・共育の精神が失われつつあり、また情報化社会になってコミュニケーションのあり方も大きく変化してきたからである。その根源は家庭の親子の問題、教育のあり方の問題、核家族化による世代間交流の欠如の問題、等々の要因が上げられるが、当法人は、その予防処置として、親と子ども、子ども同士、大人同士、高齢者と子どもなど地域社会と人との関わりの中でつながりを築き、地域コミュニティーの街づくりを図り、世代間交流により生きがいを高める支援活動を行う。

◆目指す姿「目標」

① 親も子も、お年寄りも、家庭で、街の中で、当会館で「あいさつ」がきちんと出来る。
② 子どもが家庭で、学校でのこと、友達とのことを親に包み隠さず何でも話せる。
③ 親が関心を示して子どもと対話が出来る。
④ この広場、教室を楽しみに参加出来る。
⑤ お世話する講師と参加者が円滑にコミュニケーションが出来る。

◆コミュニケーションのあり方

① コミュニケーションとは、日本語では「相互理解」である。
② コミュニケーションは「手段」である。

③私たちが目指すものは、
・家庭内で、親子で、おじいちゃん、おばあちゃんと心が通じ合って、何でも話せる関係にあること。
・地域で、ご近所の方々と気軽に声かけができ、「お早うございます」「こんにちは」「こんばんは」と元気よく「あいさつ」ができる関係にあること。
・子ども達は、幼稚園で、学校で、お友達と、先生と対話ができる関係にあること。
・大人のお付き合いで、自治会、各種の集いなどに積極的に参加でき、気軽に対話ができる関係にあること。

について、参加者に共感頂いていることである。

和太鼓の張替えを体験

二〇一三年（平成二十五）七月二〇日（土）、「子ども太鼓交流広場」と「ふれあい親子太鼓広場」の開催日に特別イベントとして、和太鼓の張替作業を藤大慶理事長自らのご指導により、子どもと親子に体験してもらう機会を作った。

大阪市住之江区の祐貞寺様より頂いていた太鼓を大阪の「ナムのひろば文化会館」に持ち込み、

午前十時から午後四時までの時間で、素人ではとても出来そうにない張り替えが完成し、「やれば出来るんだ！」という手応えを実感してくれた。

出来上がった太鼓の叩き初めをした子ども達の目は、きらきらと輝いていた。子どもたちの素晴らしい感想文の一部を紹介する。

●貴重な体験をありがとう

木島明子（母）と梨里（6歳）

一生の間で何度あるか分からない、貴重な体験をさせて頂きました。牛の皮から出来ていること、その皮を伸ばして薄くなるほど高い音が出ることなど、基本的なことも知らなかったのですが、今回、太鼓の張り替えを通じて、今後の太鼓の打ち方、聞き方がより味わい深いものになると思いました。

鋲を真っ直ぐに打ち込むことは思った以上に難しく、苦戦いたしましたが、みんなで太鼓の張り替えをしている姿は、とても感動的でした。

張り替えた後に、みんなで叩いた太鼓の音色が格別でした。貴重な体験を本当にありがとうございました。藤先生の「いのちを頂いてこの音色が生まれている」という言葉が、とても印象的でした。

●初めての太鼓張り替え

畑山恵理子（母）と陽祐（小2）

昔、ある寺にとってもいい音が鳴る太鼓がありました。あまりにもいい音なので、太鼓の中に金塊が入っているという噂が立ち、ある日盗賊が寺に押し入り太鼓の皮を破いてしまった。という言い伝えの太鼓が私の田舎にあります。

今回、太鼓の張り替えの体験が出来ると聞いて思い出したのが、この昔話でした。いつも見て叩いている太鼓ですが、一体どんな構造で、中はどうなっているのか、どのように作られ、どうしたらいい音が出るのか、そんなことが知りたくて、当日は息子に見せたいのが半分、でも私のほうが興味津々で参加しました。

まず、藤大慶先生より、太鼓の胴は3～4百年の大木、太鼓自体も三百年程前のもの、それに牛の皮を張って作ると教わりました。胴の内側も木を削った跡があり、遠い昔からの木の生命、牛の生命、そして、この胴を作ってくれた人々の息吹を感じた気がいたしました。

太鼓の皮は子ども達の手で土台にロープで縛られ、四台のジャッキで皆が力を合わせて張って行きました。陽祐も最初はボンボンと鈍い音だったのが、少しづつ高音のしし音になっていくのが分かったようでした。

うまく張れたところで、全員で鋲を打っていきました。午前、午後とに分けて両面の皮を張って、世界に一つだけの太鼓が出来あがりました。

出来あがってから皆で叩き初めをして、素敵な音色を聴くことが出来ました。普段練習で使っていた太鼓、この楽器一つに木と牛の生命、作り手の気持ち、叩き手の気持ち、等々たくさんのものが詰まっているんだと気付きました。
今回の貴重な体験をさせて頂いて、藤大慶先生にはとても感謝いたしております。

●私にも出来た！

子ども太鼓交流広場・森　風花（小５）

最初は「うまくできるのか」要領も分からなくて、緊張してとてもやり辛かったし、藤先生が最初に太鼓の話をして下さったが、全然理解できずに戸惑っていました。でも、手順を追って段々分かってきてとても嬉しかったです。

まずは、木（ベニヤ板）をのこぎりで切りました。最初に切っていたのこぎりは切りにくくて、男の子が使っていたのこぎりを貸してもらって切ると、とても切りやすく、アッと言う間に切断してしまいました。

次に楽しかったことは、鋲を打ち込む作業をした時です。最初は鋲を打つのは難しいと思っていましたが、どんどん打っていくと慣れてきてうまく出来て嬉しかったです。

でも油断していたら小指を何回も叩いてとても痛かったです。

一番印象に残ったことは、鋲打ちでした。それは、皆んなが輪になってハンマーを叩いて、とても賑やかで、すごく迫力があったからです。そして、私も失敗せずに打てたからでした。

また機会があったら太鼓の張り替えをしたいです。

●藤先生親子との出会い

子ども太鼓交流広場・松本輝理（小５）

張り替えをする前に驚いたのは、張り替えを指導する藤先生が毎週木曜日に開催されている「るんびにキッズ」の藤慶哉先生のお父さんだったことです。

次は、張り替えの説明の時に「怖かった」ことです。藤先生が説明の時に、僕が「逃げろ！」と言ったら、すぐに走って逃げて下さいね。と言われたことです。だから、太鼓の張り替えに少し恐怖を感じました。でも「逃げろ！」の場面もなく、ホッといたしました。

そして、なるほどと思ったことは、牛皮を塩水で引き締めるところです。私は「そうか、ナメクジも塩を与えれば引き締まるではないか。」と思いました。楽しい一日でした。

●固い牛皮を塩水に

子ども太鼓交流広場・山下ゆい（小３）

私は、太鼓の張り替えをして一番すごいと思ったことは、固い牛皮を塩水につけただけでやわらかくなったことです。はじめカチカチの皮を塩水につけるだけですごくやわらかくなったので、とてもびっくりでした。

そして、できあがった太鼓の音すごいと思いました。はじめはボンボンと鳴っていましたが、ジャッキでどんどん押し上げると皮が張って「ドンドン」ときれいな音になりました。出来あがってみんなで太鼓を叩いてとても気持ち良かったです。すごく楽しかったです。

▲ＴＭＣ社代表　松尾正隆（筆者）が寄贈した７台の和太鼓　2014.2.20

▲真新しい長胴太鼓で「三宅」の練習をする子ども達　2014.2.20

◆ナムのひろば文化会館」に常設太鼓を寄贈

二〇一三年（平成二十五）四月からスタートした「子ども太鼓交流広場」並びに「ふれあい親子太鼓広場」では常設の和太鼓がないために、村下正幸先生はその都度太鼓の準備に苦慮されていることを見るにつけ、何とかしなければ、と補助団体を物色するも事業年度のタイミングが合わず、当法人の副理事長である私が和太鼓の購入資金として百万円を「社会福祉法人るんびに苑」に寄付させて頂いた。

同法人より購入手続きをして頂き、その太鼓を大阪の「ナムのひろば文化会館」の常設太鼓として使用して頂けるように配慮頂いた。

太鼓は、「長胴太鼓」（二尺二寸）三台と「桶太鼓」（一尺六寸）四台に台座付きで計七台（寄贈　ＴＭＣ社代表　松尾正隆　と印字）が揃った。

そして、二〇一四年（平成二十六）三月二日に開催された「後援会設立二〇周年・感謝の集い」でオープニング演奏の子どもたちが叩き初めをやってくれた。

平成二十六年度から何不自由なく活用して頂いている。

子ども太鼓交流広場に双子の兄弟

ナムのひろばで「子ども太鼓交流広場」を開講したときに出会ったのが男児の双子の兄弟、丸山侑士君と創士君であった。

おばあちゃんが地元で正福寺の門徒さん。娘さんが嫁がれて大阪府の松原市に住んでおられた。そのおばあちゃんが「是非、孫二人に太鼓を叩かせたい」と強く望まれ、池田市から車で一時間以上も離れた松原市から、お母さんが車で送迎をなさったのである。毎回、金曜日の夜に実家に送り届けて、太鼓教室が終わる土曜日に迎えて連れ帰るという、大変な条件のもと、中学校を卒業するまで六年間通い続けられたのである。

小学校四年生の二人、おとなしい、ひ弱そうな子であったが、太鼓を通じて一年ごとに成長、頼もしい若者に成長した姿に、お世話させて頂いた者として嬉しい限りであった。

その二人から、中学一年生になった時、感想文を寄せてくれたのでご紹介する。（るんびに苑通信第五十八号掲載）

●演奏が終わった時の達成感

丸山侑士（中1）

僕は、太鼓を四年生の時からはじめました。最初は覚える事が多くて、それをする事が難しかったけど、中学に入る前は、自分では大体できていると思えるようになってきていました。最近は、太鼓の練習にクラブの大会で参加出来なかったり、校内試合等があったりして、行きたくても行けないというのが多々あり、腕が落ちたと思います。でも、学校の友達はそう思ってないみたいで、僕がすごくうまいと思っているらしいです。なぜなら、学年でぼくは創士を

子ども太鼓教室

▲和太鼓の演奏・茨木市「子ども太鼓教室」の児童たち　2013.2.9

▲バザー会場で合唱する「ふれあいコーラス」の皆さん　2013.2.9

入れなければ、誰一人として太鼓をしていないからです。それはそれで悲しいけれど、僕が太鼓をうまいと思っている友達しかいなくて、先生までもが言ってくるのが、正直分からんやろと言いたいぐらいに腹が立ちます。

しかも、クラブの先輩には「太鼓をするよりテニスをしたら」と言われて、すごいショックでした。

でも、一部の人には、「自分の好きな事をしたら長生きするのやで」と言われたのでどう返事をしていいのか分からなくて黙っていたら、その人に、「無言はやめろ」と言われて、凹みました。

最近はそういうのが減ったけど、「お前まだ太鼓をやってんの？（笑）」とかは未だにあるけど、日本の伝統を馬鹿にして楽しいのかと思ってしまいます。太鼓をしていて思うのは、演奏が終わって成功した時の達成感がすごいということです。そういう時は、顔が笑っているから自分でも分かります。

●太鼓をもっと広めたい

丸山創士（中1）

僕は四年生の時から太鼓をしています。最初、入りたてのときは、すごく下手くそで、教室に行くのが面倒くさいときもあったし、身のまわりにやっている人がいなかったので、「習っている」と言うと、鼻で笑われたりしてイヤでした。

しかし、上手になってくるにつれて、バランス感覚がよくなった気がするし、音楽と無縁な生活とおさらばし、学校の友達からも、「太鼓習ってんねや。すごいなあ」と言われたりもします。上達すると太鼓が楽しくなってきて皆を太鼓教室に連れてきたいです。実際に今、子供が少ないので正直だれか誘わないといけなくなるのかなと思ってしまいます。太鼓をもっと広めたいです。

手応え感じた「ナムのひろばフェスタ」

「ナムのひろば文化会館」がオープンして丸三年が経った、二〇一六年（平成二十八）三月二十六日（土）～二十八日（月）の三日間にわたって「ナムのひろばフェスタ」を開催した。

各教室の先生方の協力を得て、受講者の日頃の活動ぶりや成果を発表して頂くとともに、縁ある方々にも呼び掛けて、フリーマーケットやフリーパフォーマンスに参加して頂いた。

お陰さまで、スタッフや支援者の献身的なお世話とご努力により、初めての催しにしては盛会裡に終えることができた。

初日の「人形劇団」の公演では過半数を小さなお子さんが占め、大人も含めて五十五名の参加であったが、子ども達の大喜びする表情を観ていると、心から〝やって良かった〟と実感した。

また、二十七、二十八日の催しでは、出店数四十三店舗、出演数十七ステージ、来訪者数は延

「ナムのひろばフェスタ」でパフォーマンスに大喜びの子ども達
2017.3.26

べ人数で四百五十名にも及んだ。

特に印象に残ったことは、チンドン隊を結成した女性グループが、自分たちの出番以外に、会館の周辺や駅近くまで出向いて、陽気に楽器を奏でながらフェスタを宣伝して頂いたことであった。一歩一歩あゆんできたナムのひろば活動にひとつの節目をつけた形となり、手応えを感じた次第である。

ナムのひろば文化会館を開館して早五年目の春を迎えた。昨年三月に初めて開催した「ナムのひろばフェスタ」の経験を基に、今年は地域の皆さんが参加しやすい企画をと、スタッフ一同が英知を絞って沢山のイベントを盛り込んで、二〇一七年（平成二十九）三月二十五日（土）～二十六日（日）の二日間に亘って開催することが出来た。

この年は、五年目の各文化講座を広く知ってもらい、積極的なご参加を呼び掛ける機会作りをねらいに企画、開催した。お陰さまで、親子づれ、おじいちゃん、おばあちゃんまで沢山の人たち（二日間で延三百人）が集って、賑やかに展開し、まさに事業の目的とする《地域コミュニティーの街づくり支援》活動の一助となった。

◆ＮＰＯ法人「菩提樹」から「ナムのひろば」に改称

二〇〇三年（平成十五）六月十八日付で大阪府より設立認証を受けて十五年間の活動を続けてきた「ＮＰＯ法人菩提樹」は、本年十月一日付で「ＮＰＯ法人ナムのひろば」に名称を変更した。

今後「ナムのひろば文化会館」を舞台に多岐にわたる活動の展開を行い、「地域コミュニティーの街づくり」支援の拡充を図ることとなった。

末本理事長から次の通りメッセージを発して頂いた。

『念願する「ナムのひろば文化会館」が、平成二十四年十一月に完成、オープンして早や六年が経過しようとしています。

世の中は、老若男女、姿かたちから性格、生活環境、ものの考え方まで違う多種多様な人たちが暮らしています。その違いの中で他者とスムースな関係を築きながら、いかに自分を発揮していけるか、それが人生の大きな課題であり、目標でもあると思います。しかし、その実現には自他ともにさまざまな条件や制約が重なり、困難を極めているのが現状と言えるでしょう。

私が理事長（三代目）をしております「NPO法人菩提樹」が本年七月設立十五周年の節目を迎えたのを機に、ナムのひろばを統合して、名称を「NPO法人ナムのひろば」と改称され、新たなスタートを切りました。

また、この活動が地域に根差した「ナムのひろば」となるために、『ナムのひろば沙羅の会』を新設いたしました。ご利用の皆様と共に、その意義が発揮されるよう、より一層の充実を図ってまいりたいと思います。

ご承知のとおり、当法人は非営利活動法人でありますので、ご支援、ご協力の会員の皆様によって活動が支えられます。お一人でも多くの皆様のご理解を頂き、ご入会下さるようご案内を申し上げます。

今後も初志を忘れず、しかし焦ることなく、地道に誠意を示しながら「みんなの心を一つに」のナムの精神で、諸活動を続けてまいります。有縁の皆様の引き続きのご賛同、並びにお力添えを賜りますよう、切にお願い申し上げます。』

合掌

十九年のＮＰＯ活動に幕

二〇二一年（令和三）十一月二十三日、当法人の第四十七回理事会を開催。ＮＰＯ法人の活動が存続するだけのメリットも見出せないことから、二〇二二年三月末をもって解散する旨の申し合わせを行い、総会に諮って解散の手続きを踏んだ。

余剰財産の処分について、定款第三十九条の定めるところにより「社会福祉法人るんびに苑」に寄贈することとし、同年四月十二日に法人るんびに苑へ残余金十五万六千三百六円を寄贈した。そして、残余財産の「清算結了登記申請書」を提出、同年五月六日に受理された。

こうして、設立以来十九年間にわたる活動の幕を閉じさせて頂いた。ほんとうに長い間ご支援下さいました会員の皆様に心から感謝と御礼を申し上げて、大役を下ろさせて頂くこととします。

清算人　松尾正隆

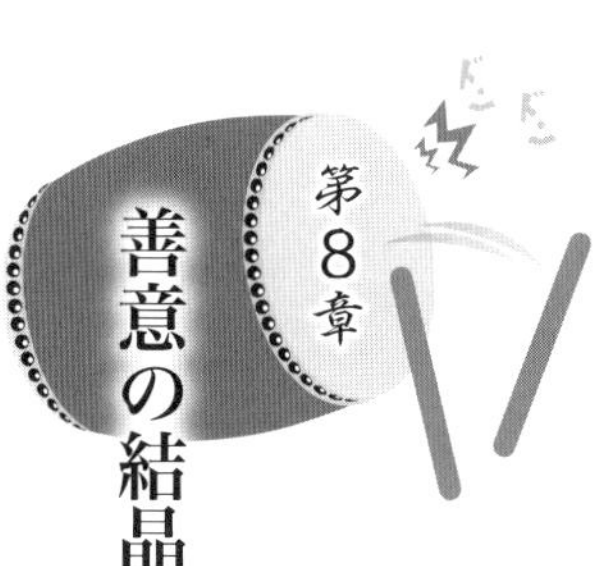

第8章 善意の結晶——3つの後援会

「全国後援会」は二十九年間
「京都後援会」は十九年間
「参与会」は五年間

長きにわたりご支援ご協力下さった善意の輪の結晶が「るんびに学園」である。

学園本館棟の回廊に設置されたご協力者のご芳名モニュメントがその証である。各後援会を支えて下さった役員の皆様をはじめ、るんびに学園の職員と教員の実践によって全国的にも高く評価されるまでの基盤ができた。

二十周年記念を前にして、藤さんも私も法人の理事を離れたために、このモニュメントを最終版に置き換えることが叶わなかったことが、善意の皆様に大変申し訳なく、心残りとなった。

「るんびに苑後援会」の結成から

一九九三年（平成五）五月二十九日、「るんびに苑後援会」が発足した。会長に寄氣恵山師（大阪市東淀川区・浄土真宗本願寺派覚林寺住職）が就任され、役員に浄土真宗の各寺院のご住職が名を連ねられ、五十名の役員構成であった。

私が「るんびに苑後援会」の組織に関与したのは、設立四年後の一九九七年（平成九）七月九日に開催された「第四回定時総会」の場であった。折しもこの日は私の満五十四歳の誕生日であった。

そして、すぐに協力会員として参画し、役員会の常任幹事として末席にも加えて頂いた。役員会は非定常的に開催されていた。この頃は施設の候補用地の物色の頃で、空理空論であったり、一部の役員さんは「お手並み拝見」とばかりの発言であったり、藤さんはその終息に苦慮されていた。

設立から四年が経過していたが、藤さんに「これから募財活動を拡大するためにも、ご協力者のご芳名簿を制作してご協力者にご報告すべきではないでしょうか」と投げた。藤さんは「コンピュータのことも理解がないものですから、ソフトの専門の会社に委託してシステムを作ってもらいました」と。

中身を拝見すると、あまりにも複雑すぎて、並みの人では使いこなせない代物であった。とりあえず入力されたデータから誌面を編集して、「平成九年度ご協力者名簿」（B５判、全５０頁）が出来た。これまでの「年度総会報告書」に添えて協力者の皆さんにお届けできたのである。

◆二十九年間で歴代四人の会長

全国後援会の産みの親で、設立から十二年六ヶ月もの長きに亘って、物心両面から先頭に立ってご尽力を賜った寄氣恵山会長が、二〇〇五年（平成十七）十二月十三日浄土に召された。

後任の会長が決まるまでの間、松永大徳副会長が会長代行として会長の任務を遂行頂いた。翌年（平成十八）七月五日（火）第十三回定時総会において、豊原大成師（兵庫県西宮市・浄土真宗本願寺派西福寺住職、元本願寺派総長、元津村別院輪番）を後任会長に選任し、第二代会長にご就任頂いた。

その後、豊原大成会長が体調を崩され、二〇〇七年（平成十九）一月末を以って会長職を辞任され、急遽、同年二月十三日（火）、第四十回役員会を開催し、松永大徳会長代行（大阪府羽曳野市・西称寺住職）を第三代会長に、長谷川毅正副会長を会長代行に選任し、ご就任頂いた。

松永大徳会長が体調を崩され、二〇一三年（平成二十五）六月十一日（火）、第二〇回定時総会において辞任され、長谷川会長代行が会長の任務を遂行されてきたが、翌二〇一四年五月二十六日（月）、第二十一回定時総会において、第四代会長に長谷川毅正会長代行が選任され、ご就任頂いた。

歴代四人の方が会長職を継承されての二十九年間の募財活動は、るんびに学園の建設資金の借入金の返済の目途が立ったので、三〇周年の節目を待たずして二〇二二年（令和四）三月末日を以って閉会することになった。

「京都るんびに苑後援会」発足

二〇〇三年（平成十五）二月二十五日（火）、綾部市・中丹文化会館ホールにおいて、第二回情緒障害児問題を考える講演会が開催され、第二部で「京都るんびに苑後援会」設立総会を開催した。

私、事務局長から経過報告と規約制定案、役員の選任について提案いたし、満場一致で可決、承認された。

会長に横田耕三氏（元京都府医師会会長）が選任され、初代会長にご就任頂いた。

早速、ご協力会員の拡大を図るために横田会長のメッセージを載せたリーフレットを制作した。

二〇一五年（平成二十七）九月十一日、京都市「本願寺聞法会館」において、京都後援会が後援して「第一回るんびに学園発表会」を開催した。当日は、抜ける様な青空に恵まれ、京都府内はもとより、滋賀県・三重県・大阪府・兵庫県・熊本県より、百六十余名の心優しい皆様のご来場を頂くことが出来た。

綾部市からは、四方晴美様のお声かけも頂き、二十五名の皆様が貸切バスでご参加。まず西本願寺を参拝、国宝の書院や飛雲閣を拝観され、「発表会」に臨まれた。

まず、髙橋正記園長が、スライドにより子ども達の生活状況や年間行事を紹介。「子ども達の様子や職員・教員諸君の苦労が、よく分かって良かった！」と、大好評であった。

続いて、藤理事長からの挨拶。

「環境が適していたら、命は真っ直ぐに成長する。子ども達が真っ直ぐに育つことが難しい今日、るんびに学園では、虐待や養育放棄等の要因で、社会に適応しにくくなった子ども達が、本来の輝きを取り戻すためには、どんな環境を用意すれば良いのか、職員・教員が協力して模索している」と。

そしていよいよ、子ども達の登場。大きな拍手に迎えられた子ども達は、真っ直ぐに前を見て、真っ直ぐに腕を伸ばし、懸命にバチを振るった。辛い過去を何とか乗り越えようとしているその姿を見ていると、胸にこみあげて来て、涙が止まりませんでした！　どなたも、同じだったのでしょう。叩き終った子ども達に、会場一杯の、温かい拍手と声援が送られた。

子ども達は、「一生懸命やったら、認めてもらえる。認めてもらったら嬉しい！」と、体で感じたようで、子ども達が会場の皆様に支えて頂いたのである。こんな場（環境・雰囲気）を取り戻すことが、今日の課題だと確信を深めた次第である。

子ども達の和太鼓演奏を見ていて下さった「やなせ　なな」さん、いつも以上に、優しく切々と、透き通った声で、歌って下さった。涙ぐまれる方が何人もおられた。きっと、子ども達の心にも届いたのでしょう。皆、神妙に聞いて下さった。

皆様のご協力のお陰で、温かい雰囲気の中で、「第一回るんびに学園発表会」を終えることが出来た。アンケートで、職員の対応も優しく親切で良かった！　子ども達の和太鼓演奏に涙が止まらなかった！「やなせ　なな」さんの歌をもっと聴きたい。等々のお声を頂いた。

今後、毎年この時期に「発表会」を開催して、「るんびに」の輪が、もっともっと広がればと願って続けてきた。しかし二〇二〇年（令和二）九月七日（月）、コロナ禍のために学園で無観客発表会のときは、平等院住職、神居文彰様をお迎えして講演会を開催したのが最後となった。

◆京都後援会は、三代にわたる会長で幕

横田会長が健康上の事由により退任され、二〇〇六年（平成十八）六月二十七日（火）に開催された、第三回定時総会において、油谷桂朗氏（元京都府医師会会長・現顧問）が選任され、第二代会長にご就任頂いた。

二〇一二年（平成二十四）二月二十九日、油谷会長がご往生なされた（行年七十四歳）。次の定時総会まで松尾事務局長が会長代行を致すことになった。

そして、同年六月十一日(月)、綾部市・かんばやし交流館において第一〇回定時総会が開催され、村上晨一郎氏（京都綾部部会会長）が選任され、第三代会長にご就任頂いた。

村上会長は、前綾部市長・四方八洲男氏の同級生で、京都綾部会（京都市在住の綾部市出身者の会）の会長で、故油谷先生とも京都府公安委員として懇意にされていた方である。

歴代三人の方が会長職を継承されて十九年、るんびに学園の運営を支援する活動を展開して頂いたが、全国後援会の閉会と併せて、二〇二二年（令和四）三月末をもって閉会することになった。

るんびに苑参与会を結成

二〇一七年（平成二十九）九月二〇日（水）午後四時、ホテルグランヴィア京都の「源氏の間」において、『るんびに苑参与会』発会式が盛大に挙行された。

本会は、発起人代表の有馬頼底師（臨済宗相国寺派管長）が、《慈悲心》に貫かれた藤大慶師の業績を知って、「仏教徒は宗派を超えて協力したい、さらには、この活動を日本中に拡げたい」との思いで「参与会」を発足させて頂いたものである。

会場には八十余名の参列者を迎えて、皆さんに学園の子ども達が和太鼓演奏により感動を与えてくれた。

会長に就任頂いた有馬頼底師は、後日「るんびに苑通信」第六十一号に寄せて、次のようにメッセージを頂いた。

◆私ども仏教徒は宗派を超えて協力を

るんびに苑参与会会長有馬賴底（臨済宗相国寺派管長）

『去る九月二〇日、ホテルグランヴィア京都にて「るんびに苑参与会」発会式が、感動の裡に盛大に開催されましたこと、誠に喜ばしい限りでございます。

副会長に就任して下さった清水寺貫主の森清範師と永観堂禅林寺法主の中西玄禮師。呼び掛けに応じて下さった教王護国寺（東寺）宗務総長の砂原秀輝師、建仁寺派宗務総長の川本博明師。代理出席ではありましたが祝辞を寄せて下さった本願寺派総長の石上智康師。臨席は叶いませんでしたが協力を申し出られた大徳寺派管長の高田明浦師。お祝いをお届け下さった大津・園城寺派管長の福家英明師。既にご協力の建仁寺派管長の小堀泰巖師、西山浄土宗光明寺法主の堀本賢順師。それに、全国から馳せ参じて下さった八十余名の後援会会員の皆様。会場は、温かい熱気に包まれました。

藤理事長とのご縁は、十六年前、当時、京都新聞の論説委員であった藤慶之氏（実兄）に、「弟の計画に力を貸してやって頂きたい」と頼まれたことに始まります。

十四年目を迎えた「るんびに学園」は、大勢の皆様の無償のご協力と、役員・職員諸君の親身のお世話が実を結んだ、まさに《真心の結晶》です。

和太鼓演奏が、それを証明してくれました。「鼓童」の名誉団員・藤本吉利氏ご夫妻と篠笛奏者・森美和子さんと、「るんびに学園」の子どもさん達が一体となった和太鼓演奏。感動しました。涙が溢れました。必死で嗚咽を堪えました。

《慈悲心》に貫かれた「るんびに苑」を、私ども仏教徒は宗派を超えて協力したいと、改めて思った次第です。

仏教各宗派では、既に様々な青少年対策がなされています。しかし、近年急増して来た被虐待児・発達障害児への対応は、まだ試行錯誤の段階かと思います。「るんびに学園」が蓄積して来たノウハウは、今後の諸宗派の取り組みにも、大いに活用して頂けるものと思います。「るんびに苑参与会」は、誕生したばかりですが、これから賛同者を募り、「るんびに苑」を核として、子ども達が真っ直ぐに成長する日本を取り戻すために、体力・気力の続く限り貢献したいと思います。

藤理事長は、六年後の開園二〇周年を機に、後事を長谷川毅正氏に託すと表明されました。自身はその礎石になるという覚悟の表明なのでしょう。合掌』

その後も「るんびに苑通信」には、副会長の中西玄禮師（浄土宗禅林寺派元管長）、森清範師（清水寺貫主）から貴重な寄稿を掲載させていただいた。

会長の有馬頼底師は、藤さんがその建設を熱望していた「るんびに牧場計画」の推進についても、「宗派を超えて協力を……」と旗振りをして頂いたものの、ご参加された各宗派のご代表は協力者にはなられたが、その宗派に拡大を図ることがなされなかった。

私は本会が組織化される段階に参画していないので、事務局長として運営に携ってから三年経っても協力会員が伸びないので、藤さんに強く具申した。

「有馬会長から各宗派のご代表に、本山の会合の折に藤大慶師の法話の機会を作ってくれるよう頼んではどうですか？　ご門徒の中で事業家、資産家のお方をご推奨頂いて、ご支援の機会を得るとかの具体策を講じないと、第二次施設整備計画の資金は見えてきませんよ」

「そこまで有馬会長には言えませんよ」と藤さん。

「では、有馬会長に私を引き合わせて下さい。私から直接懇願してみますから……」と意見交換をしている矢先に、有馬会長が床に伏せられたとのことであった。面談が叶わぬこととなったのである。

二〇二二年（令和四）三月末をもって全国後援会、京都後援会が閉会することになり、当参与会も同年七月末日をもって閉会を決議し、新たな視点で「アショカランド」事業を応援することになった。

学園・本館の回廊に「モニュメント」

「るんびに学園」建設資金をご支援・ご協力頂いた懇志金は、累計で一億九千四百三十一万円であった（平成十五年三月末現在額）。

この金額は後援会の発足以前の懇志と、それぞれの組織に寄せられた年会費・寄附金・懇志・祝金の全ての累計金額である。

開園を前に、半年がかりでご協力者ご芳名簿を作成し、京都市にある看板、銘板等の専門会社・児玉製作所のご協力によりモニュメント（縦：90㎝×横：３６０㎝、縦：90㎝×横：３００㎝の２面）を制作し、本館の回廊に設置したのである。モニュニメントのタイトル版には、藤理事長が次のようにメッセージを記した。

この『るんびに学園』は、『るんびに苑後援会』（寄氣惠山会長）が十年にわたって青少年の幸せを願う皆様の真心を結集し、ようやく完成した《真心の結晶》であります。

ここに、その真心の全てを記し後世に残し、衷心より感謝申し上げる次第であります。

平成十五年五月二十七日

社会福祉法人るんびに苑理事長　藤　大慶

（注）ご芳名は敬称を略させて頂き、平成十五年四月三十日までのご協力者の方々です。

そして、るんびに苑後援会設立十周年記念『るんびに学園建設協力者ご芳名』（B5判・二〇頁）を制作して、「るんびに苑通信」第一〇号（竣工・開園式記事掲載）に添えて会員の皆様にお届けした。その冊子に、寄氣会長は「お礼の言葉」を述べられた。

◆るんびに学園「モニュメント」除幕式

二〇一四年（平成二十六）一月二十八日（火）、「社会福祉法人るんびに苑」第四〇回理事会ならびに「るんびに学園運営適正化委員会」第一〇回定期委員会が開催され、髙橋正記施設長より学園の現況報告と今後の課題について提言がなされた。

その後、開園一〇周年記念事業の収支報告、平成二十五年度補正予算について審議の末、全会一致で承認された。

引き続いて、午後四時「るんびに苑後援会」ならびに「京都るんびに苑後援会」の役員参列の下、二〇年間に亘ってご協力下さいました会員の皆様のご芳名を記した「モニュメント」の除幕式が厳粛に執り行われた。

なお、今回の理事会には両後援会役員の皆様はオブザーバーとしてご参加頂いた。

◆るんびに学園建設協力者ご芳名掲示パネル

この『るんびに学園』は、『るんびに苑後援会』並びに『京都るんびに苑後援会』が二〇年にわたっ

ご協力者ご芳名のモニュメント

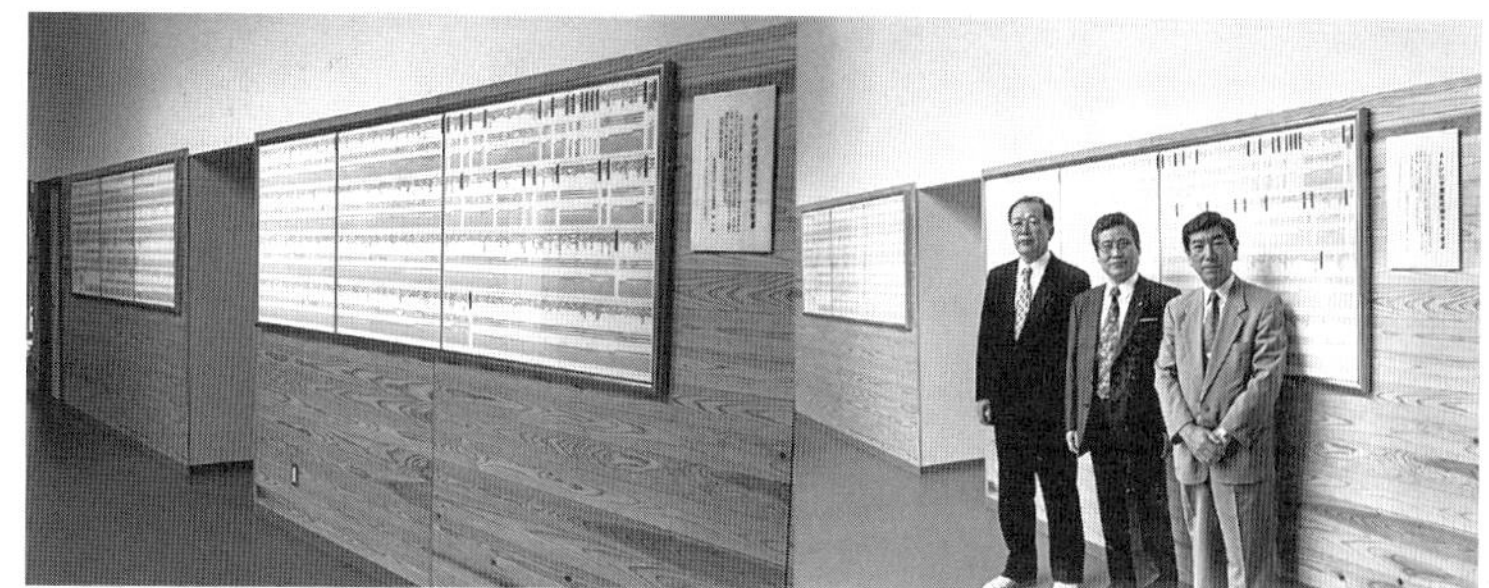

竣工・開園式にご披露できた、ご協力者ご芳名の「モニュメント」　2003.5.27

るんびに学園開園 10 周年を記念して、ご協力者ご芳名の「モニュメント」の除幕式　2014.1.28

▶本館回廊の壁面に掲示された。開園時のモニュメントは上部に移設、掲示された
2014.1.28

て、青少年の幸せを願う皆様の《真心》を結集し、今から一〇年前に完成、その堅実な運営を行っている《真心》の結晶であります。ここに、開園一〇周年を記念して、その真心のすべてを記し、後世に残し、衷心より感謝申し上げる次第であります。

平成二十五年十二月吉日

社会福祉法人るんびに苑理事長　藤　大慶

(注記) ご協力者ご芳名「掲示パネル」制作にあたり、

1. このご芳名パネルは、平成十五年五月一日から平成二十五年六月一日までの一〇年間にわたりご協力下さいました方々を記しております。
2. 「るんびに苑後援会」「京都るんびに苑後援会」および「社会福祉法人るんびに苑」、「NPO法人菩提樹」ならびに「NPO法人るんびに太鼓」に寄せられた会費・寄付金・懇志金・祝金の全ての累計金額を記しております。
3. ご協力金は、各組織の設立以来の累計金額を記しております。
4. このご芳名パネルは、次のように記しております。

①北から南へ、都道府県別に並べました。
②都道府県の中は、金額順に並べ、同一金額の場合は市町村順に並べました。
③同一市町村の場合は、氏名の五十音順に並べました。

④　ご芳名は敬称を略させて頂きました。
5．都道府県の区分で、皆様のご芳名のあとに市町村名を表示しました。
6．設備備品および物品をご寄贈下さいました方々のご芳名は、長年にわたり同一の方から何回も拝受いたしており、物品名のあとに拝受回数を表示いたしました。

除幕式の後、地元「あやべ温泉」において「合同交流会」を開催し、初めて全組織の役員交流の場が実現できて、和やかに懇談が行われた。

二〇二二年（令和四）年三月末をもって、全国後援会、京都後援会、NPO法人ナムのひろばが、そして、同年七月末をもって参与会が閉会となり、藤さんも私も法人の理事を離れたために、このモニュメントを最終版に置き換えることが叶わなかったことが、善意の皆様に大変申し訳なく、心残りとなった。

「るんびに苑通信」の定期発行

私が「るんびに苑」後援会に関与して一番に思ったことは、「募財」に対するご支援者へ報いることは何か、無償のご協力者に応える唯一の手段は、活動の報告である。

藤さんは、後援会の結成から「るんびに苑後援会通信」（Ａ４判、両面刷り）を年一回発行してご協力者に報告されていた。第八号（二〇〇一・十二・一発行）まで続けられていたので、私は藤さんに「活動の報告が一年に一度では間が空き過ぎるので、せめて季刊誌として年四回の発行サイクルの通信を創りませんか」と提言した。

「誰がやるんですか」「もちろん事務局の私が作ります」

「松尾さんは、これから法人認可申請、学園建設、資金確保と多岐にわたる負荷ですよ」

「大丈夫です。通信の編集には自信がありますから……」

こんな会話を重ねながら、私は「何としても年四回の通信を創るんだ」と決意したのであった。まずは、二〇〇二年（平成十四年）の九月に「るんびに学園」建設の起工式を挙行できた記事をメインに、第九号（Ａ４判・フルカラー十二頁）を十一月一日に発行した。表紙に『るんびに学園新築工事始まる！　～平成十四年九月二十六日起工式を挙行』と掲げてご協力者への第一報としたのである。

私はこの号の「あとがき」に次のように記した。

『一九九九年（平成十一）十月、京都府綾部市十倉中町の地元自治会から「るんびに学園」設置についての正式合意が得られて、綾部市との用地買収交渉を開始。丸三年の歳月を要して建設着工へ漕ぎつけた。その間、法人設立申請で京都府との協議を重ねて、本年五月二十二日付で正式認可を得た。さらには日本自転車振興会より破格の補助金を本年度補助事業に取上げて頂き、社会福祉・医療事業団からは長期にわたる借入金の内示をもらい、準備万端、諸条件は整った。いよいよ来年の五月の竣工式、六月一日開園に向けての行動を開始したところである。この一年は本当に悲喜こもごもの実り多き年であったと、起工式に臨んで感慨に耽った次第である。(松尾記)』

二〇〇三年(平成十五)八月十日発行の第一〇号には、「るんびに学園完成・開園へ～平成十五年五月二十七日竣工・開園式を挙行」のタイトルで、十六頁の通信をお届けすることが出来た。そして、二〇〇四年(平成十六)に、「るんびに苑通信」と改名して第十一号、第十二号を発行。二〇〇五年(平成十七)に第十三号、第十四号を。二〇〇六年(平成十八)に第十五号、第十六号、第十七号を発行して、二〇〇七年(平成十九)第十八号から年四回発行のレールが確立できたのである。

爾来、第七十九号(二〇二二年五月一日発行)まで、丸二十年の軌跡であった。これは、藤さんと私の「あうん」の呼吸が出来たからこその軌跡である。私は編集者としての自覚は、〝常にアンテナを張っておく〟ことと、出歩く時は〝常にカメラを所持〟することを第一義とした。〝継続は力なり〟のとおり、何事も続けることが大事である。

るんびに苑通信

るんびに苑後援会通信

第9号

2002年（平成14年）11月1日発行

心配された天候も秋晴れの好天に恵まれた去る9月26日（木）、念願の「るんびに学園」新築工事の起工式が、施工業者・株式会社ディー・エー・シーのご協力の下、仏式にて厳粛に執り行われました。

午前10時30分定刻、ご来賓、施主の方々ならびに「るんびに苑後援会」役員の方々、「社会福祉法人るんびに苑」役員、職員内定者等多数の列席の下、

「るんびに学園」新築工事始まる！

平成14年9月26日起工式を挙行

浄土真宗本願寺派「正念寺」（綾部市）住職：宮川審明氏の（当法人・理事）導師により、しめやかに執り行われました。

続いて、藤大慶理事長より挨拶の後、ご来賓の方々より祝辞（…）を頂戴し、鍬入れ式のあと、「るんびに苑後援会」寄氣恵山会長のご発声により乾杯を行いました。

るんびに苑後援会通信

…成15年…月10日発行

第10号

…に学園」完成・開園へ！

…年5月27日竣工・開園式を挙行

るんびに苑通信第９号を発刊、爾来２０年間（年４回）発行。
第７９号でエンディングした　2002.11.1

◀西福寺での発送作業
2006.8.5

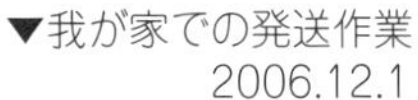

▼我が家での発送作業
2006.12.1

後援会運営の責任と義務

後援会組織は、毎事業年度（三月末決算）ごとに、収支決算報告書ならびに事業実施結果報告書、そして次年度の事業計画書と収支予算書を作成して、役員会議から定時総会に諮り承認を得て、会員の皆様に報告をするというサイクルが毎年の基本パターンで避けては通れないものであった。

毎年、総会が終わると、総会報告書、収支決算報告書、ご協力金ご芳名簿にその時の通信を発送するのが大変な作業であった。

それぞれの報告書を作成して、藤さんに校正をしてもらい、印刷、製本、送付。当初は外部のコピー屋さんで印刷して、我が家で折加工（手折）も単純な作業ながら難儀な作業であった。

そして、発送の準備作業は、会員登録（コンピュータで機密保持のためにオフコンで管理）ファイルからアドレスをタックシールに印刷して、封筒に宛て名シールの張りつけ作業、送り状の作成、印刷と、〝段取り八分〟と言われる通りに、その段取りが大変な作業であった。

通常は事務局の渡邉一夫さんと奥さん、長谷川元治郎さんと私たち夫婦の五人で対応し、年一回の大作業の時は、役員の吉田英夫さん、私の娘、私の妹までも動員しての作業をこなした。これは、善意の皆様への報告の義務を果たすことを第一義として事務局、その家族に使命感をもってもらったから出来たのであった。

学園の建設資金作りにご支援ご協力を頂いている後援会のご協力金で活動資金も賄っているので、英知を絞って印刷や発送の諸経費を賄った。郵便扱いから宅急便扱、費用の比較をしながらちょっとでも安く発送できる方法の選択もその都度、その都度行った。コピー機もオフィス用の汎用機が安いコストで印刷できるようになり、私の事務所（ＴＭＣ社）にリコーのコピー機（リース）を導入、設置した。そしてその機器に製本機（二つ折、ホッチキス止め）を導入した。原稿が出来上がると二千部の「○○報告書」（十二頁〜四の倍数頁）が出来上がるのである。手作業から自動化により省力化と労力の大幅な軽減が出来たのである。

外部のコピー屋さんに、渡邉さんと半日がかりで出向いていたことが嘘のように変化したのであった。お陰さまで人海戦術も解除できて、四人の手で発送作業がスムーズに出来る体制もできた。

さらには、情報化社会によって、通信とコンピュータで印刷会社とネットトで印刷手配が出来るようになり、しかも低コストでフルカラーの印刷ができるようになったのである。これは私たちの組織活動にとって画期的な出来事であった。また、郵便局も宅配業者と競合するようになって、「ゆうメール便」なる商品を創った。これは発送の頻度と発送数量によって一通当たりの単価を設定する仕組みであった。これも「るんびに苑」にとって好都合の手段が現れたのである。カレンダーの発送を加えて年五回の送料である。通信費の低減に大きく貢献したのであった。

◆学園の動きを誌面に拡充

私は兼ねてより、学園の行事の写真を撮るように要請したが、「人権擁護で子ども達の写真を掲載することはできません」と言う。

「そんなに気になるのなら、子ども達の顔を正面から写すな、横からとか後ろから撮影すればいいではないか」

そして私は三人の係長たちに訴えた。

「君たちは誠心努力していることは理解しているつもりだ。ただ残念なことは、この学園は誰が作ったのか？　窓ガラス一枚、床板、壁板一枚、一枚が三千有余人の全国の善意の輪の皆さんが造って頂いたという、気持ちを持って欲しい。自分も後援会の一員として、せめて賛助会員として年三千円の協力金を出す気持ちが欲しい。ご支援下さる皆様に運営の姿を通信に掲載して感謝の思いを伝える姿勢が欲しい」

その結果、二〇一六年（平成二十八）一月、第五十四号から学園の各行事の報告と子ども達の感想文も寄せてもらえるようになった。このことによって会員の皆様からもお便りを寄せてもらえるようになったのも事実である。

ただし、職員たちが後援会の協力会員にはなってくれなかった。これは開園時の職員研修を取り上げず、藤理事長の講話の機会を作ってくれなかった初代の川勝施設長の責任であると思慮している。各係の責任者（係長）は、藤大慶師の真心の神髄を理解、共鳴・共感・共有して職務について欲しかったのである。

◆通信最終号の「あとがき」

私は最後の七十九号の締めくくりとして「あとがき」に次のように記した。

『平成五年（一九九三）五月二十九日、るんびに苑後援会が設立されて、「るんびに苑後援会通信」（A４判2頁）が年一回（第八号まで）発行されていましたが、綾部市に施設建設用地が確保され、平成十四年（二〇〇二）九月二十六日、現地で起工式が挙行されたのを機に「るんびに苑通信」（A４判12頁〜16頁）と題しての季刊誌を平成十四年（二〇〇二）十一月一日に第九号を発行して以来、二〇年間発行、会員の皆様にお届けして参りました。

年四回の発行とはいえ、専従でない小職にとっては至難の編集でありました。また、極力印刷経費をかけないよう、カラー紙に墨一色の誌面で、コピー屋さんに出向いてゼロックスコピーをとり、自宅に持ち帰って2つ折り、そして封筒詰めと、本当に手のかかる作業をしていました。その後、コピー機器の性能アップと低コスト化が進み、さらに製本（2つ折り、ホッチキス止め）機が登場し、小職の事務所に最新鋭機を導入しました。おかげで旧来の費用で、モノクロから2色（赤と黒）刷り、製本、ホッチキス止めまでを機械が担ってくれるようになりました。さらに進んで、印刷会社が通販に乗り出して、ネット注文でフルカラー刷り、費用は僅かにアップする程度にまで進化しました。平成二十七年（二〇一五）十月、第五十三号から現在までフルカラーの通信をお届けさせて頂きました。

誌面も第五十四号から分教室の先生たちから投稿も頂けるようになり、「るんびに学園」の子ども達の生活、教育の場面等も会員の皆様にご報告出来るようになったのです。これは画期的な事でありました。また、会員の皆様からも折々にお便りも頂戴し、誌面に取り上げさせて頂きました。この「あとがき」も毎号欠かさず所感を書かせて頂きました。今号をもってその任を下ろさせて頂きます。（松尾記）』

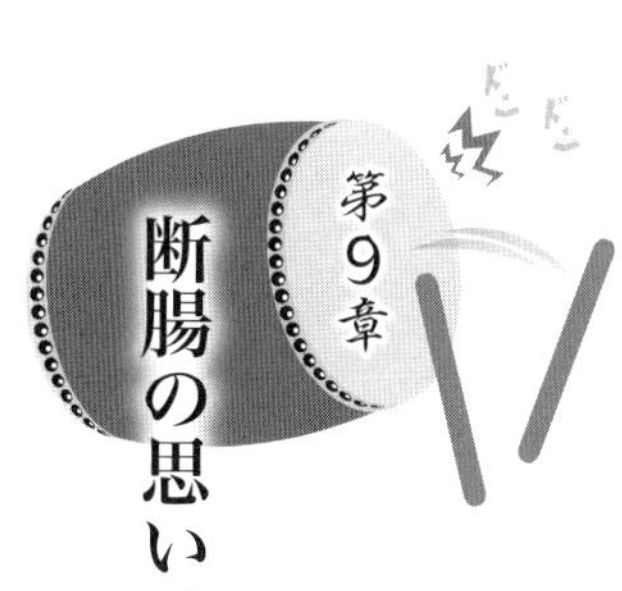

第9章 断腸の思いで決意

藤さんが自ら理事長を辞任したのは、
傍目には突然のように見えたが、
断腸の思いからの決断であった。
学園内部で現実の課題を解決できなかったことに対して
煩悶と自責の念もあった。
長年想い描いてきた「青少年のよみがえりの村」構想を、
学園から離れてその実現を図るしかないと、
断腸の思いからの覚悟があった。
学園開園二十周年の記念日を待たずして、
藤さんはさらなる夢に向かって突進するのであった。

学園施設の周辺整備に着手したが……

◆土木業者・㈱福多電気商会との出会い

二〇一四年（平成二十六）三月十九日（水）、第四十一回理事会が終わった後、「懸案の無価値の谷間の一部を買い取りたいとの話が舞い込んだ。この際、谷間の土地を売却しようと思う」と藤さんは言った。

「誰が買い取るのですか？」と私。

「地元の㈱福多電気商会という会社です」

「電気商会が買い取って何をするつもりなんですか」

「この会社は社名は電気商会だが、実体は土木業者で、公共工事の入札条件で、排出残土の処分地を有していることが指名入札の要件で、その排出残土を捨てるのに好都合の谷間という事で、是非分けて欲しい」とのことであった。

私にとって土木の世界は縁の遠い業界であるが、私の本業で国際規格のＩＳＯ規格の認証取得のサポート依頼を受けて引き受けた。この業界は兵庫県の公共事業は「ＩＳＯ９００１の認証を受けていること」が指名入札の要件であった。そのために当業界は死活問題のために認証取得の社内規格（仕組みづくり）が急務となり、私のＴＭＣ社にサポート依頼が舞い込んだのであった。

一社だけでは費用が嵩むために、同業界が申し合わせて七社が共同で取り組むことになった。

各社から管理責任者一名が出席して、パソコン一台持参で基軸である「品質マニュアル」から諸規定に至るまでの「仕組みづくり」を指導した。さあ、これから実践指導に移るための日程計画を立てた。

ところが肝心の社長が出席していない。

「今日は、社長はどうしたんですか」

「社長は接待ゴルフがあるので出席できない。先生に宜しく」

七社の社長は、「ＩＳＯ」は金で買えるくらいの認識であった。

私は、主催者の商工会議所さんに「経営トップの姿勢でＩＳＯを認証しても継続審査で失権することが見えている。コンサルタントの連帯責任を負いたくありませんので辞退させて下さい」と進言した経緯があったので、土木業者と聞いて危惧したのであった。

「法人るんびに苑の財産を処分することは、藤理事長の一存ではできないことです。きちんと手順を踏むために、私に先方との折衝を任せて下さい」と、藤理事長に申し上げて、準備を始めた。

まず、許認可の問題である。綾部市役所に出向いて調査の結果、開発計画（建設や造成）については、三千平方メートル未満の土地造成は認可を得ずに申請だけでＯＫとのことであった。

次に、同年（平成二十六）四月二十三日（水）、京都府議会議員の四方源太郎氏に面談、福多電気商会との折衝事項について確認し、当方が不利益を被らないための注意点などを相談した。

そして、㈱福多電気商会の福多社長に電話でアポをとり、午後三時半に大阪市内の帝国ホテルのロビーで対面した。

私が、ポンプメーカーの㈱酉島製作所に勤務したことも、福多社長には土木事業には排水ポンプが必要で、トリシマのことも良く熟知されていた。また、るんびに苑のことも今日までの歩みを申し上げ、これから関わりをもって頂くために後援会の協力会員になって頂くことが第一義であることもお願いしたのであった。

福多社長は、快くご理解頂き早速、会社として法人年会費三万円と個人会員として年会費一万円を振り込んで頂いた。藤さんは「後援会の会員登録を先にして頂くなんて、さすが松尾さんですね」と賞賛してくれたのである。

藤さんは、〝人が好過ぎて〟これまで何度も経験したことは「あとで必ず協力してもらえるから心配いりません」と言うが、結果はすべて〝カラ振り〟に終わったのであった。

こうして、施設整備事業プロジェクトチーム（PT会議）が中心となって、二〇一四年（平成二十六）三月から具体化へ向けて検討、協議を進め、同年五月二十三日開催の第四十二回理事会で、

（一）当法人の所有地一部売却について

（二）当法人の所有地及び綾部市所有地に堆積している残土処分について

提議、審議の結果、満場一致で承認可決された。

そして、諸手続きを踏んで、同年九月九日（火）、㈱福多電気商会との間で売買契約が成立いたした。

これで長年の懸案事項が一気に解決でき、来春には残土堆積地約三千㎡の土地が平地になり、第二期施設整備事業計画立案へと前進したかに見えたが……。

◆これまでの経緯

当法人が二〇〇〇年（平成十二）に購入した用地は、資金面及び地勢面から約半分の七千三百三十㎡を造成せずに、深い谷間のために未開発のまま現存してきた。限られた造成地には「るんびに学園」の本館棟、居住棟、学習棟（分教室）の三棟以外には増設できるスペースもなく、現在の寮舎を建て替える際の一時避難も不可能に近い状態であった。

一方、学園の造成工事で発生した残土を、東部グラウンドに隣接する、一千九百九㎡の綾部市の所有地に五年間の約束で置かせて頂いたが、一〇年以上経っても搬出できていなかった。

「るんびに学園」開園一〇周年を迎えたのを機に、第二期施設整備計画を具体化するために、理事会で分科会を組織化して、「施設整備事業プロジェクトチーム」（ＰＴ会議）を編成いたし、会合を重ねてきた。そして、測量設計事務所に谷間の埋立てにかかる費用を見積したところ、造成工事の総費用が約五千万円見込まれ、土木工事に適用される補助金もつかないために、自力での造成工事を断念せざるを得なかった。

今般、同社との出会いにより、懸案の谷間造成計画が具体化できそうであり、当法人としてもチャンスとして捉えた私は、何とかこのチャンスを活かし、双方の条件を整え、合法的に造成できることを願って合意できるよう、そして、信義信頼の絆を強固にするために、心配事、問題点を明確にして、後々の問題発生に適切に処置がとれるよう、双方の協議の場を設け、役割責任の明確化を図ることを進めた。

◆埋立て工事に関する約束事の明確化

（一）排水路の確保

対象地は地元の十倉中町にとって、大雨や地下水に対する治水機能を有するため、機能保全の設備として、谷の底面に石を敷き詰めた「じゃかご」方式の水路を通す。

（二）土砂流出の防止策

谷の下流は中町の田園地帯となっており、注ぎ込む上林川は鮎獲りの盛んな清流である。工事中及び完成後に土砂が流出しないよう埋立地の最下流部ののり面に処置を施し、底部にも「じやかご」を設置して土砂をろ過する。

（三）残土持込みの確認

同社が信頼できる業者であることは当法人で確認しているが、それでも持込まれた工事現場の発生土の中に不純物が含まれていないよう、搬入量やダンプの往来等については事前、かつ事後に両者で確認する。

所有地の一部売却について、無価値の谷間の一部、二千九百九十八㎡を売却することと、現存する残土の処分をして頂くことを条件に、土地の売却金額を金二百十五万円、当法人から残土処分費を二百十五万円支払うことで合意、決定いたした。

なお、残土の埋め立てにより平地になった土地は、㈱福多電気商会の所有地であり、当法人の施設建設の折には、その時に協議することを約束して、契約書には表記しないことを約束した。

◆学園隣接地の残土整備が四年で片付く

雑木、雑草に覆われていた谷間は、二〇一四年（平成二十六）十一月下旬から、㈱福多電気商会により、谷間の埋立て、ならびに残土の処分が始まり、学園用地が様変わりした。

二〇一七年（平成二十九）三月には、立派な平地の姿を見せてくれた。残土の持ち込みも法定遵守を履行され、地元にも何のトラブルもなく実行されたことに謝意を申し上げた。お蔭で不履行のままであった、綾部市の所有地の五メートルほども堆積していた残土が除去されて、綾部市に報告できたことも、藤さんと二人〝肩の荷〟が下りてホッとした次第である。

しかし、深い谷間はまだ三分の二が残っている。さらに「二千九百九十八㎡を買取ってくれませんか。」と、同社の松岡専務さんに投げたら「とんでもない、そんなことをしたら行政に見え見えになります。」とのことであった。

藤さんに、私は地元の有力者のKさんから「学園ができてから十五年も経つのに、空き地は雑草が伸び放題、何とも見苦しい。これでは入所の子ども達の生活環境として好ましくないよ。村の人達が快く思っていないということを松尾理事に言っておきたい」と、申されたことを伝えた。

◆学園「第二期施設整備事業計画」を策定

二〇一八年（平成三十）八月二十一日（火）、第五十八回理事会を開催し、「第二期施設整備事業」計画案を審議、承認し、資金確保のために「施設整備実行委員会」を結成して具体化することになった。

しかし、第二期の施設建設は資金の目途がつかなかったので、藤さんは自らの長年の夢であった「るんびに牧場」の構想について参与会の有馬会長に相談を投げられた。そして、有馬会長は次の第2回定時総会に事業計画案を諮るよう指示された。

参与会支援でＤＶＤ制作の顛末

二〇一九年（令和元）十月、るんびに苑参与会の第二回定時総会において、「るんびに牧場」の構想の具体化と全面支援することが決議された。そして、有馬会長から「るんびに牧場」の構想を広く知らしめるために映像（ＤＶＤ）を作成しネット等で配信することが提唱された。

これを受けて藤さんは、個人事業の制作会社（京都市内）の田村（仮名）氏に制作委託を決めておられた。いつものことながら、先に先に先行される藤さん。すでに同年（令和元）七月に制作発注をしておられたのである。

「田村さんから金五十万円の借用書が届いたら本人の口座に振込んで上げて下さい」と藤さん。

「契約書を取り交わしたのですか」と私。

「いいえ」

「では口頭発注をされたんですね。見積書は出ているんでしょうね」

「見積書もまだです」

「総費用はいくらですか」

「五百万円ほどと聞いています」

「そんな大金を内部検討もなく、よく発注されますね。早急に、田村さんと打ち合わせの場を作って下さい」

このようなやりとりの後、週末の同年九月七日に綾部駅前の「栄温泉」で午後二時に藤さんと私は、田村氏と対座した。田村氏は過去に、『いのちはきっと輝く』、『るんびに物語～子ども達のために』という二本のＤＶＤを制作した経緯があり、この時も私は藤さんに「制作費が高額すぎますよ」と苦言したのであった。

その当日、田村氏から見積書が提示された。何と総費用が七百七十二万二千円である。私は率直に申し上げた。

「あなたは、るんびに苑を相手に商売をしている。以前にも申したが、るんびに苑との関わりは、自らも協力会員となって、粗利は抜きで実費の費用で協力することを要請したが、協力会員にはならず、今回の見積も余りにも受け止め難い金額ですね」

企画・シナリオ費が五十万円、演出費五十万円、ドローン撮影費百七十二万円、ＣＧ・編集費百十万円などで合計六百一万五千六百円である。そして、パンフレット制作費として、百七十万六千円四百円である。パンフレットはこちらの印刷会社で二十万円もあればできる代物、田村さんにはＤＶＤ制作だけをお願いすることで、再度、見積書の再検討を要請、そして、契約書を作成することを申し上げた。

綾部在住の竹市氏が地元の「エフエムあやべ」の代表者に照会したところ、「一日程度の市内撮影、編集、ナレーション費を入れて十万円くらい、多くても百万円もあれば出来ます」、とのことだった。

同年（令和元）九月二十六日（木）、京都グランヴィアホテルのロビーで田村氏と面談したとき、私は厳しい態度でのぞんだ。

「一昨日の二十四日に藤さんから『田村さんに百万円を振込んでほしい』と連絡があったが、ビジネスの世界から逸脱している」と指摘。そして前回の協議で申し上げたとおり契約書を取り交わしてから支払いをする旨を伝えた。「あなたはお金のことばかり言っているが、ビジネスとして対応する以上、事業者としての姿勢で臨んで下さい」

きっぱりと申し上げて、次回契約書を取り交わす旨を申し上げて引き揚げた。

そのとき田村氏が差し出した見積者は総費用四百五十万円となっていた。先の見積より三百万円安くしていたが、それでも高すぎる。

このあと、田村さんは藤さんに、「私はこの仕事を降ります」と連絡している。

「いま仕掛の仕事の経費を支払うのに金がない。あと六十万円を出して欲しい」と田村さんは言ったらしい。私は費用明細書を出せば内容を判断して考える旨を藤さんに伝えた。

その後、田村さんから私に、百十七万九千四百六十八円のうち、借入金五十万円を差し引いた、六十七万九千四百六十八円を支払って欲しいと申し出てきた。

見積書の中で、素材変換費として二十八万五千円を計上しているがハイビジョンに変換する必要があるのか、牧場撮影費は田村氏が手配しているので止むを得ないが、犬三匹のレンタル送迎費に十五万五千円とは高すぎるのでないか。要は、藤さんを頼りにるんびに苑から取れるだけ取ろうとの魂胆が強烈に感じとれるのであった。私は再度「募財団体を相手に商売はして欲しくない」ときっぱり申し伝えた。

「DVDの芸術品を創るつもりですか！」

私は藤さんに「DVDの芸術品を創るつもりですか。いま必要なのは大口篤志家に支援を仰ぐためのツールを創ろうとしているんですよ。その方たちは超多忙の方たちです。三十分も視聴する時間はないはずです。せめて三分だけ時間を頂きたい、と申し上げてDVDを視聴頂くことが目的ですよ」

ところが田村さんは「三分ではなく三十分のDVD」を、と藤さんには言っていた。こちらの意図する企画書は出さず、まったく制作の目的がかみ合っていなかったのである。

私は急遽、藤さんに連絡して、明日、二十八日に有馬会長の代理人・京都仏教会の長澤事務局長と三者協議の場を作った。私の意見としては、今後相当に費用増大が予想されるので、制作中止を検討することも視野に京都に出向いた。

この日の朝、竹市氏は藤理事長を乗せて京都に向かった。

その道中、竹市氏は藤さんの思いを聞かされていた。

「松尾さんも田村さんも、どちらも大切な存在なので、どちらも失いたくない。私は短気なところがあるので、田村さんの意思を守ることを貫こうとすれば、松尾さんに対して暴言を吐いてしまいかねない。何とかして田村さんへの支払いを松尾さんに承諾してもらえないか」というのである。

つまり藤さんが竹市君に同行してもらったのは、私を説得するためであった。

藤さんは長澤事務局長（有馬会長の代理者）に、参与会の予算案の承諾、すなわちＤＶＤの制作予算四百五十万円を認めて欲しい旨を申し上げられた。しかし長澤さんは「この事業規模の中の四百五十万円はあり得ませんよ。私も京都仏教会の事務局長を務めているが、支出のムダを省くことばかりに気を遣っている」と回答している。

にもかかわらず藤さんが何故ここまで田村さんのことに固執されるのか。何か弱みでもつかまれているのでは？と疑いたくなる。

結論は、四百五十万円を参与会から支援することで、今期に二百万円を、来期で残り二百五十万円を予算化することで合意した。

最後に藤さんは「このことは、有馬会長から提案されたことにして下さいませんか。そうすれば田村さんにも納得が得られますから」と言う。

こうして、ＤＶＤ制作費用は次の正副会長会議に諮ることとした。

契約書には、

①　ＤＶＤの仕様と金額を表記すること。
②　短期るんびに苑の映像、版権と著作権は参与会に帰属すること。
③　ＤＶＤの中の映像は参与会が自由に加工してＨＰで発信できること。

などを網羅して、こちらで作成した契約書に署名捺印をして成約することにした。


今度の一件で、「どちらも大切」と藤さんが言われたことに私は反発を禁じ得なかった。失礼ながら、「たかがＤＶＤ制作者」と同じレベルに私を並べられる藤さんに、私は率直に申し上げた。

「守るべきは個人的な繋がりよりも、組織の存続・発展が第一義である。藤理事長の想いに共鳴・共感・共有して賛同され、多くの方たちが支えて下さっている。その組織を守り抜くことが理事長の大きな責務ですよ」

そして、この度は完全に理事長の独断専行であることを申し上げた。

関わりの方から協力頂くもの以外はビジネスの世界。企画立案から予算化、決議、発注までのプロセスは関係者を巻き込んで意思決定することが肝要であると。百万円を超える案件は必ず相見積で絞り込むこと。また企画案も企画コンペをすることによって素晴らしい企画が出来る。

理事長が職員たちを観ているように、職員たちも理事長の動きは鋭く観察していることを肝に銘じて欲しいと進言した。

「るんびに牧場」の基本構想

二〇一九年（令和元）十月、参与会の第二回定時総会が終わった翌日の二日に、私は藤さんに「るんびに牧場」の基本構想について、次のように提言書を送った。

『昨日は長時間のブログラムの遂行お疲れさまでした。無事に終えてホッといたしております。

この度「るんびに牧場」の構想が参与会の事業の柱に位置付けられましたので、これからの事業の基本計画を早急に確立することが重要課題となりました。その進め方について、松尾の考えを素案にまとめてみましたのでお目通し下さい。本件は至急「事業の基本計画」を策定しなければなりません。そのためには、藤理事長の〝想い〟に共鳴・共感・共有できるメンバー（四～五名）でのプロジェクトを編成することを提言します』

◆基本コンセプトの確立

（1）皆が支え合って生きる〈村〉の名称の確定

藤理事長の〝想い〟描かれているイメージからすると、「るんびに牧場」では概念にそぐわないので『あやべ十倉健康ランド』（仮称）のように地所も表し、全ての施設が寄り合って構成された〈村〉として表現できたらいいと思います。

（2）プロジェクトの編成

これまで「るんびに苑」グループに関わりがあり、理事長の想いに共鳴・共感・共有できる人で構成し、その役割を担って、実践できる人を人選することが肝要かと思います。ＰＴ参画者の役割分担は次のように描いてはいかがでしょう。

①財務担当　②事業担当（地域も含む）　③運営担当（行政も含む）　④広報担当（事業参画者募集と市民への教宣活動）　⑤事務局

（３）事業体の骨格の明確化

①　健康ランド管理センター（本部棟）・・・社団法人
②　心療内科クリニック・・・・・・・医療法人
③　ビハーラ病院・・・・・・・・・・医療法人
④　るんびに牧場・・・・・・・・・・社会福祉法人
⑤　ビオトープ事業・・・・・・・・・株式会社
⑥　レストラン・・・・・・・・・・・株式会社
⑦　入浴施設（温泉）・・・・・・・・株式会社
⑧　自立援助グループホーム・・・・・社会福祉法人
⑨　就業支援グループホーム・・・・・社会福祉法人
⑩　更生保護施設・・・・・・・・・・社会福祉法人
⑪　都市部移住者用住宅・・・・・・・株式会社

⑫ 外国人労働者救援施設・・・・・・・・・・社会福祉法人
⑬ るんびに農園・・・・・・・・・・・・・農業生産法人
⑭ 地域防災対策整備・・・・・・・・・・・綾部市
⑮ 姉妹「るんびに苑」の立上げ・・・・・・社会福祉法人

など、公益事業、収益事業に分けて、法人化のメリット・デメリットを分析、検討、絞り込む必要があります。

◆事業の展開

まず、各事業の参画者を募るために、「共鳴・共感・共有」を得るための施策として視覚に訴える素材の検討が必要です。今日では、情報化社会の中にあって、その媒体がこの二〇年間で様変わりしました。ＤＶＤの活用範囲が狭くなってしまいました。

視覚の素材は、使用目的に照らして選択する必要があります。また、募財団体としての基本は最小の費用で、最大の効果を生み出すことが基本です。

（１）資金提供者に訴えるものは、創案者の想いをマンツーマンで訴えること肝要なり。そして、説明には「基本構想書」（印刷物）が必要です。

（２）行政・市民（当該地区）には、「基本構想書」があれば十分です。お年寄りはＤＶＤなどは見ることが困難かと思います。

（3）事業者を募るためには、ＨＰやネット（スマホ）などの媒体が有効です。本事業プランはホームページに掲載することの方が先決です。また、メディアの活用、市内のケーブルテレビの活用も一つです。

（4）資金集めの手段としては「クラウドファンティング」と呼ばれる手法が注目を集めているようです。

今回のＤＶＤ制作は、使途目的からは完全にズレているやに思います。今年度の予算計上の二百万円の予算は、前記の視覚素材に充てるべきではないでしょうか。理事長の側近者全員の共通の思いです。田村さんを救うことは別の次元で考えたらいかがでしょう。松尾も知恵を絞りますので……。

長年関わってきた松尾の最後の総仕上げとして、本事業に全エネルギーを捧げる覚悟で臨んでおります。理事長としては「全体最適」を選択して頂かねばなりません。

◆各事業の立ち上げ支援と施設設置の具体化

参与会の事業としては課題が大き過ぎます。現役員構成では事業の展開は不可能と思います。資金の目途がつけば、事業経営の責任を負える人材の投入が必要です。ビッグプロジェクトの運営組織化も必要になります。藤理事長と松尾の二人っきりでは出来っこありません。

基本構想書から具体的な事業プランに基づき、概要設計のできる専門家の参画も必要かと思います。

今後の活動については、事前協議ができる体制を確立して頂くことが肝要かと思います。

◆私の提言後も田村氏に固執の藤理事長

同年十月六日の夜、竹市氏は藤さんと電話のやり取りをした結果をメールにて報告してくれた。

「私は坊主だから世間のモノサシ（合理性、効率性、経済性など）ではなく、坊主のモノサシで考える。お寺の発注形態は、相見積や企画書といった発想ではなく、随意契約で予算も言いなりでやってきた」と藤さんから言ってきたが、竹市氏ははっきりこう反論したという。

「理事長が理念で突っ走り、松尾さんがブレーキ＆ハンドルで現実に落とし込む……。二人三脚があるからここまでやってこられたと僕は認識している。今回も理念だけで突っ走っては現実が崩壊する。松尾さんと田村さん、どちらも失いたくないと言う言葉に違和感を覚える。田村さんがいなくなっても事業には何の被害もないが、松尾さんがいなくなったら〈るんびに苑〉は崩壊する。るんびに苑に対する貢献度が違い過ぎる。イコールで語られることに理解できない」

「私にとっては同じなんです。貢献度の大きい、小さいではない。関わりがある以上、同じなんです。関係者にオープンに出来ない発注形態なら、関係者にオープンにしなければ良い。

三人だけの胸の内に秘めておけば良いでしょう」と藤さん。

「そもそも、企画書もなければ、全体構想の説明もない。関係者の合意がないままにＤＶＤ制作が進められて、出来上がったイメージを関係者たちで共有する…それでは主客転倒ではないですか」と竹市さん。

「田村さんの頭の中にも、まだ具体的なイメージはないんだと思う。撮影しながらイメージを固めいていくんだと思う」

「そんな理不尽が通るような組織であれば私はお手伝いできません」

「ああ、それなら仕方ありませんね。結構です」

と、このような対話で、売り言葉に買い言葉の展開になりながら、「何とか今回のＤＶＤ制作は田村さんに任せてあげられませんか」と藤さんは固執する。

「任せることは構いませんが、予算は二百万円（税込み）、過去の記録のハイビジョン化とかは入れない。この二つが条件です。来年度予算の二百五十万円をさらに上乗せすることは絶対に反対です。松尾さんがおっしゃるように、田村さんを救うことは別の方法で考えましょうよ」

「過去の記録のハイビジョン化については、私も次の二〇周年の節目に作りましょうと、田村さんに伝えております。その条件で是非お願いします。そして、できれば前払いをしてあげて下さい」

とのやりとりをしたとの報告であった。

私が提言書を送ったにも拘わらず、了解されていなかったことに憤りを感じた。情けない思いをさせられたのであった。

とにかく、

●牧場のプロモーションに特化する（過去の記録は入れない）。
●二百万円の枠で完結してもらう。
●それでも足りなくて困っているなら、救済する方法を別途考える。
●契約書を交わしたら、全額を着手金として支払う。

ということで合意してもらった。

結局、令和元年度に三百八十万円、令和二年度に七十万円、合計四百五十万円を田村さんに支払った。しかしついに、ＤＶＤは影も形も見せてもらえなかった。

藤さんに弁済能力はないことは百も承知のことなので、私は藤さんを責めることはしなかった。そして会計監査の監事さんにも、事の顛末を報告して容認してもらったのである。しかし、このような人を信頼して任せようとされた藤さんも〝お人よし〟では済まされない顛末であった。

ご芳志協力とビジネスの違い

藤さんと私との違いは、ご芳志協力とビジネスの違いであった。私は明確に線引きをしての対応をするスタンスである。藤さんはビジネスもイコールのスタンスで、前述の如く、相見積や値交渉はしない。相手の値で発注するという基本スタンスであった。寺院の発注案件と募財団体の発注案件と一緒にして貰っては困ると、明言してきた。

綾部に用地の買収が決まった頃、募財拡大のためのリーフレットを制作した時、私がトリシマに在職の時に会社に出入りしていた印刷会社の社長に「るんびに苑後援会」の実情を話して、「今後印刷物の関わりをお願いしたい。ついては法人会員として、年会費三万円の協力会員になってくれ」と頼んだ。そして協力してくれた。

私は印刷会社の社長に、「るんびに苑」から儲けようなんて魂胆は無しだよ、すなわち原価で納入して欲しいと申し上げていた。一回目はそうしてくれた。

ところが、藤さんがさらに五千部の追加発注をされ、私には納品書と請求書だけが回ってきた。何と粗利十五パーセントを乗せての請求書であった。

私は藤さんに「このような発注案件は事前にひと言連絡して下さい。藤さんが個人で支払うのでしたら何も言いませんが、後援会からの支出金ですから……」と言った。

そしてその印刷会社の社長には金輪際発注はしなかった。

後援会設立二十周年の節目に、多額のご協力を頂いた方々に、法人るんびに苑理事長から感謝状と記念品を贈呈した時、私のふるさと（佐賀県）の色鍋島焼の窯元・㈱太一郎窯に特製の記念品を制作してもらった。この時も社長に実情をお話して、粗利の部分は寄附金として協力をお願いした。社長は快く対応してくれて、金十二万八千円を寄付してもらった。これがビジネスの世界の商取引であることを藤さんに理解してもらったのであった。

これまで数々の講演会も開講してきた。藤さんがコンタクトした講師には先方の講師料を支払う金額を予算書に計上した。大きな狙いは広く活動の実情を知ってもらうことと、協力会員の拡大を図ることが目的であるのに、収支のアンバランスが生じること、しばしばであった。

藤さんは「お支払いしても後で寄附金として下さるから……」と言う。これも藤さんの〝お人よし〟で終わるのであった。

私が要請した講師には、「ビジネスの世界ではありませんから、慈善団体の実情に鑑みてご協力下さい」と申し上げて、「講師謝金の予算は五万円しか出せませんが……」と。実情をご理解頂いての出講をして頂いた。

一人の人間として素晴らしい藤さんであるが、金銭感覚はまるっきりダメな方であった。相手は金の無い藤さんと判っているのだから何も見えを張る必要はありません。そう思うのが会計を預かる松尾の思いであった。

藤さんが理事長を辞任した背景

現実の「るんびに学園」と夢の「るんびに牧場」のはざまで藤さんは葛藤していた。

私は、夢は現実の学園では共鳴してもらえないのだから、今は理事長として現実の問題解決を図ることです。と進言、学園の環境整備だけは何としても解決させましょうと。

次の理事会の議案に提起してもらったのである。

コロナ禍で書面開催が続いたが、二〇二一年（令和三）三月二十四日、久々に綾部駅前の「あやべ・日東精工アリーナ」で第六十九回理事会を開催した。令和三年度の事業計画と予算案が慎重審議の結果承認された。

緊急提案であったが、分教室の増改築も、理事長一任で承認された。これはこれまで九人だった教員が四月一日から一名増員され、教員室がパンク状態になるとのこと。急遽、現在の教員室と隣の教室とを一体化し、北側にあった小教室を解体。跡地に教室を新築。小教室の機能は、工事現場の事務所（据え置き型）２棟を設置して対応。いずれもプレハブで、予算は一千万円程度。急を要することなので、既に発注した。教師諸君には、今しばらくご辛抱願った。

コロナ禍で収束が見えない状況が続いているが、同年（令和三）六月八日、綾部駅前の「あやべ・日東精工アリーナ」で第七十回理事会を開催し、次の議案について審議された。

●第1号議案　令和二年度の事業報告について
●第2号議案　令和二年度の決算報告について
●第3号議案　積立金の使途計画について
●第4号議案　評議員選任候補者について
●第5号議案　施設整備計画について

第1号議案～4号議案までは、審議、質疑の上全会一致で決議されたが、第5号議案の施設整備計画「谷間埋立造成事業」では意見が交わされ、再考の上次回理事会で再審議することになった。

◆理事長の提案議案に反対されて

同年（令和三）六月二十四日、綾部駅前の「あやべ・日東精工アリーナ」で第七十一回理事会を開催し、前回の継続審議の「谷間埋立造成事業」について、理事長より再度計画案を提示し審議の結果、全会一致の決議には至らなかった。

この会議の席上、一人の理事から「三千万円もの大金をあの谷間に埋めることは許されない。法人の敷地の中に谷間があるのは自然の摂理だ、そんな資金があれば施設の改修工事費に回せるではないか。」と強硬に反論され、左右の席の理事も同調する発言をされた。さすがに藤さんも谷間の埋立造成事業案を否定する発言にショックを受けられた。

私は、藤さんに「ここは強行して決めるべきではない。全員の賛同が得られない以上採決すべきではない」と申し上げて、本案件は棚上げとすることで決議したのである。

理事会が終わってから藤さんと、綾部駅前で協議した。

「ここまで努力してきたが、理事会の皆さんに共鳴頂けないのは私の不徳の致すところ、この際、理事長を辞任したい。私がかねてより念願してきた自立支援施設の設置とその付帯施設としての牧場設置など、今の職員や理事さんには理解してもらえない。私はるんびに学園とは切り離して、その事業に取組みたい」と藤さんは言った。

そして、藤さんは「最後にもう一度私の思いを理事さんに伝えて合意を取りたい」ということで、第七十二回理事会を書面会議の形で開催する旨を、書面で出されたのである。

◆理事長辞任の決意

同年（令和三）七月八日、第七十二回理事会（書面会議）を開催、藤理事長より「谷間埋立造成事業」について書面にて説明し、定款に従い全員一致の合意を求められたが、結果は二人の理事の賛意が得られず、四対二の本議案は廃案とする旨の電話連絡を同月十五日に受けた。

そして、学園の臨時職員の役割は八月末で辞職させてもらう。法人の理事長は九月末で辞任させてもらうとの申し出であった。

八月五日（木）、藤さんから私に電話があり、髙橋理事（施設長）はどう対処すべきか、手をこまねいているとのこと。次の臨時理事会開催の段取りについても召集通知ができないでいるとの連絡であった。

私はすぐに髙橋施設長に電話して、面談時間の機会を連絡した。すると、明日、京都市内の要件が済んだら高槻へ出向くとのこと。

八月六日（金）の夕方、髙橋施設長が来宅された。

①先の理事会開催（書面会議）は、重要案件の採決は書面会議では認められない。よって不成立となった由。

②理事長辞任の意、どう対応するのか。

③谷間の埋立て造成事業は、再度計画書を作って再審議したい。H理事が折れて合意の見通しがあれば計画書を作るが、現状、その見通しは見えない。

④臨時理事会の開催は、H理事の意向をつかんで設定すべきではないか。まずは早急にH理事に会って、髙橋理事の思いを伝えて、H理事の考えを質すことが先決ではないか。

髙橋施設長は、その足で高槻から大阪市内の西成区へ走ってもらった。

八月九日（月）、髙橋施設長から連絡がないので、こちらから電話でH理事の対応について聞いた。H理事は藤理事長の辞任申し出は白紙撤回を、谷間の埋立て造成事業は反対、自らも理事を辞任の意向も漏らされ、苦慮していると言う。

臨時理事会の招集通知は、電話にて各理事の都合を確認して至急日時の設定を、議案は「谷間の埋立て造成事業」のみとすることを伝えた。藤理事長には白紙撤回をお願いしたら拒否された由。

私はすぐに藤さんに電話して、H理事の意向を伝えた。髙橋理事とのやりとりについては、彼のやり方に任せることとした。

藤さんと髙橋施設長の間がギクシャクしている。藤さんも頑ななお方、一旦口にしたことは簡単に取り下げる方ではないことは百も承知している。すったもんだしている内に、とうとう臨時理事会の開催が八月になった。

谷間造成計画策定の折に松尾が描いたスケッチ（イメージ図）
藤さんは谷間の造成地に「自立支援施設」の建設とビオトープ、遊歩道造りの思いを描いたが……

八月の理事会開催通知が出された直後に、藤さんから「次の理事会には欠席するので、松尾さん宜しく頼む」という。

同年（令和三）八月二十日（金）の午後、綾部市「あやべ・日東精工アリーナ」において、第七十三回理事会を開催した。

●第1号議案　令和三年度補正予算について
●第2号議案　開園二〇周年に向けた施設整備について
●第3号議案　理事長の交代について

かねてより藤大慶理事長から理事長辞任の申し出を受けていたが、本年末の十二月で辞任したい旨の申し出を受けたとの報告があった。本日理事長欠席のため、もう一度撤回のお願いをすべきだ、との意見が出るも、誰が説得するのか。

「理事会の中では松尾理事しか出来ない」「松尾理事から何とか慰留の説得をして欲しい」との意向を受けたので引き受けて、本日の理事会の後お会いする旨を伝えた。ただし、「理事長は一旦口にしたことの撤回は不可能です。せめて事業年度の途中であり、事業年度の本年度末（来年の三月末）を以って後任にバトンタッチして頂くことで了解を取り付けることを議題に上げさせて頂いた。

もちろん、藤さんはその意向に沿って、本年度末まで現職を全うしてもらうことにしたのである。

藤さんが自らの道を選択されてから、すでに八月からは、次の「アショカランド」の夢実現へ向けての準備を始められていた。私も資金作りの道筋づくりに注力を始めていたのである。

十九年十カ月の理事長に終止符

藤大慶理事長の任務最終日となった、二〇二二年（令和四）三月三十一日（木）の午後、十八名の法人役員に「あやべ・日東精工アリーナ」にお集まり頂き、

●第三回評議員選任・解任委員会
●第七十四回理事会
●令和三年度臨時評議員会

を開催した。

藤大慶師の理事長及び理事辞任に伴い、理事会では

（1）長谷川毅正理事を新理事長に選出
（2）寄氣恵秀評議員を後任理事に推奨

との案を固めていたが、理事の選任・解任については「評議員会」、評議員の選任・解任については「評議員選任・解任委員会」の議決が必要となる。

通常は別々の日程で開催する会議であるが、新旧理事長の挨拶を兼ねたいとの思いもあり、理事会二回と評議員会、評議員選任・解任委員会を全て同日開催とさせて頂いた。

年度末にもかかわらず、当日は理事・監事全員と、評議員八名中六名、選任・解任委員は五名中四名にお越し頂いた。

初めに髙橋園長より学園の現況報告を行った後、「第三回評議員選任・解任委員会」を開催。出席者としては委員四名と監事二名であるが、理事と評議員はオブザーバーとしてご臨席頂いた。そして、理事候補とするため評議員との兼任が不可能となった寄氣氏の解任案が承認された。

続いて「第七十四回理事会」を開催。理事の候補案を作成して評議員会の招集を決議することが理事会の職務になる。これ以外にも、令和四年度の事業計画と予算案、また「職員就業規則」の改定、「ハラスメント防止規程」「個人情報保護規程」「被措置児童等虐待防止基準書」の新規制定といった重要議案を審議し、オブザーバーとなった弁護士の米澤一喜委員にも意見を伺いながら、全議案が承認された。

理事会が作成した候補案を基に理事の選任・解任を行うのが評議員会。「令和三年度臨時評議員会」で、藤理事の解任と寄氣理事の選任が決議された。

役員の補欠人事が完了したところで、改めて理事会を開催し、長谷川理事が全会一致で理事長に選出された。

こうして全ての会議が終了し、長谷川新理事長より就任の挨拶、藤前理事長より退任の挨拶がなされた。

法人設立から十九年と一〇ヶ月、「るんびに太鼓」発足から数えると実に三十六年間に渡って、子ども達を支える有志の陣頭で走り続けてきた藤大慶師に花束が手渡されると、役員全員から大きな拍手が送られ、年度末の会議は幕を閉じた。

「信義信頼」と「疑心暗鬼」

社会福祉事業の支援活動は、関係者が発願者の想いに共鳴・共感・共有して、信義信頼の許に成り立っている。その関係者が疑心暗鬼を持った時は「離縁」の時である。

理事会では、藤理事長就任以来初めての否定を受けた事案であった。私は法人設立以来、理事長と共に一心同体の行動を共にしてきた。重要な案件については、影響力のある理事さんには事前に〝根回し〟をして、理事長の意図するところを理解を得る努力をしてきた。しかし、今度の事案はまさかの反論であった。その背景は私には読めた。何と度量の狭いご仁かと改めて思い知らされたのであった。藤さんにとってもそうであったに違いないと思っている。

良い人間関係の基本は「対話」である。〝対して話をする〟ことによって理解は深まるのである。

それが「コミュニケーション」である。藤さんも私も目の前の案件を何とか解決しようと、それに嵌ってしまい、関係役員さんとのコミュニケーションが欠けていたのも事実であった。

しかし、藤さんの真の想いを理解していたら「疑心暗鬼」は起こらない。内面を読まず、表面だけで判断をする人はご縁が切れるということを踏まえての行動だと思慮いたすものである。

藤さんは、現実の課題を解決できなかったことでの理事長辞任ではない。自らが描く「青少年のよみがえりの村」の実現に理解し、協働しようとしない側近者たちから離れて、その夢の実現を図るしかない。との断腸の思いでの決断であった。

ともあれ、有終の美を飾ることなく終焉したのは、誠に残念無念であった。

第10章 アショカランドの夢を描いて

静岡県の「デンマーク牧場」を視察した。
藤さんが描いている「アショカランド」の基本構想に
マッチするモデル事業を目の当たりにできた。
大きな夢とロマンを描く人と、
その志を理解・支援する人がタッグを組めば……
藤さんと私は、最後のエネルギーを資金作りに奔走したが
ついにタッグの相手さんには巡り会えなかった。

「デーマーク牧場」を視察

二〇一九年（令和元）十二月十日（火）、藤理事長と私（理事）の二人で、静岡県袋井市に在る社会福祉法人「デンマーク牧場福祉会」を訪ね、現場を視察させて頂いた。

正午前に新幹線「掛川」駅で下車。松田正幸理事長夫人が車で出迎えて下さった。掛川駅から車で約二〇分、街並みから外れて、国道四十一号線から左折したら、一面に茶畑が広がるのどかな景色が視野に入ってきた。そして、自然環境に恵まれた風情の中に大きな施設が見えてきた。

ここが「デンマーク牧場福祉会」の施設である。案内された「管理棟」でスタッフの金井聖紀さん、杉山亜由美さん（いずれも児童指導員）をご紹介頂き、施設の全体像についてご説明下さり、各施設を案内して頂いた。

ここ「デンマーク牧場福祉会」は、次の七つの事業を運営されている。

(1) 自立援助ホーム「こどもの家」（二〇〇一年四月開設）

本人の申請に基づき児童相談所からの委託措置により入所（定員六名）

(2) 児童養護施設「まきばの家」（二〇〇七年四月開設）

第一種社会福祉事業で、二歳～八歳までの児童、児童相談所からの措置により入所（定員三〇名）、付帯施設として「心理療法室」、「ショートステイ」（定員二名）、「親子生活訓練

室」を設置

（3）牧場事業「デンマーク牧場」

①牧場運営部…牛二十五頭、羊三十頭、馬一頭の飼育作業

②乳製品等販売部…牛乳・ヨーグルト・アイスクリーム等の製造・販売

③酪農教育ファーム（一般社団法人中央酪農会議・認証牧場）

二〇〇一年「生きる力」を育む教育ファームとして認証され、子供会や保育所、幼稚園など、地域の関わりをはじめとして、小学校、特別支援学校の総合学習の時間に活用されている。

（4）就業支援事業「しあんくれーる」（二〇〇九年十二月開設）

児童福祉施設退所（予定）者をサポートする事業

二〇一四年五月には児童福祉施設退所（予定）者を支援する雇用主のネットワーク「みちしるべ」も発足している。

（5）精神科診療所「こひつじ診療所」（二〇〇七年七月開設）

子どもや発達障害の人に対応できる精神科、心療内科の診療所として、地域に密着した福祉医療活動の実践を目指している。

（6）特別養護老人ホーム「ディアコニア」（二〇〇三年五月開設）

キリスト教の愛と奉仕精神で高齢化社会に仕えることを目的とした事業

※定員八十名、ショートステイ（定員八名）、デイサービス（定員二十名）

デンマーク牧場の沿革

一九六四年（昭和三十九年）、デンマークやスウェーデンなど北欧の宣教師たちが静岡県袋井市のこの地を選び、約五十ヘクタールの農場の開拓とキリスト教の伝道を始めました。農学校を開設し、農業機械や乳牛などを輸入して、酪農家を目指す若者たちに最先端の技術を教えていました。

その後、酪農事情の変化により農学校は閉校になりましたが、その寄宿舎は、教会が主体となって運営したフリースクール「子どもの家」の宿泊施設として活用され、牧場は、教育農場「デンマーク牧場」として再生し、現在もスタッフと自立援助ホームの寮生が力を合わせて乳牛をはじめ羊や馬などの飼育を続けています。

二十五年の歴史を刻んだフリースクールは、二〇〇七年（平成十九年）三月に一旦休止をしました。しかし、その理念と実践は社会福祉法人「デンマーク牧場福祉会」が受け継ぎ、自立援助ホームをはじめ児童養護施設、児童精神科診療所、特別養護老人ホーム、就労継続支援B型の開設と、その時々に必要とされる形態を整えつつ活動を続けています。

（7）就労継続支援B型事業「いぶき」（二〇一九年四月開設）

第一種社会福祉事業で、乳製品等の生産活動や家畜の飼育など、障がいのある方と様々な活動を共にし、生き生きと生活ができるよう支援を行う。

この七つの事業を展開されている様子を伺い、まさに藤理事長が描いている「アショカランド」の基本構想にマッチするモデル事業を目の当たりにすることが出来た。

館内視察のあと、牧場へ向かい、小久保施設長と合流して、細部までご説明とご案内をして頂いた。

牧場を後にして、小久保施設長の車で掛川駅へ出て、松田正幸理事長ご夫妻と合流して、夕食を頂きながら、今日までのご苦労なされたお話を伺い、是非、このご縁で綾部と〝姉妹牧場〟になって欲しいと念じながら帰阪したのであった。

「強き者と弱き者」の支え合い

苦悩する青少年の問題解決に、手探りで関わり続けて三十数年。彼等に、様々なことを教えられた。

今日の自由主義社会では、あらゆることが、第一線で活躍されている所謂「強き者」の発想で組み立てられている。競争に負けないためには発展こそが重要で、これを阻害する規制は次々と緩和されグローバル化が進んでいる。

その結果、貧富の格差が増大するだけではなく、様々な問題が噴出して来た。役に立たない者は排除され、うつ・引きこもり等で苦しむ所謂「弱き者」が増え続けている。また、「強き者」の足元を支えている家族も、決して盤石とは言えない。家庭崩壊の苦悩を抱えながら必死で頑張っている社員・職員の数は、計り知れない。

当然ながら、「弱き者」を援助する福祉・医療・教育費は増大するばかりである。「強き者」から見れば、「俺たちは必死で頑張っているんだ！　弱き者は、何を甘えているんだ！」としか思えないのであろう。

今日の福祉事業は、「強き者」の発想である。「弱き者」の生活を支えることは出来ても、その《心情》を支え《やる気》を引き出すことは困難なのである。しかし、「強き者」には出来ないことが、「弱き者」には出来るのである。

《辛い惨めな思い》を理解出来るのは、《辛い惨めな思い》をしている、またはしていた者同士である。誰でも分かって欲しいのである。分かり合えたら嬉しくなり、互いに役に立てたという喜びが湧き上がって来るのである。

陰と陽、夜と昼、ブレーキとアクセル、副交感神経と交感神経、「弱き者」にしか出来ないこと「強き者」にしか出来ないこと、どちらも大事である。これを実証しようとしているのが、皆が支え合って生きる村「はなふじ総合ランド」である。

傷をなめ合うのではない。心療内科診療所を設置し、「弱き者」の《心情》を分かる優秀なスタッフを核に、赤ちゃんから寝たきりの高齢者までのお世話が出来る幾つもの施設を設置し、物言わぬ動物（牛・馬等）を飼い、カヌーや和太鼓、レストラン……。利用者だけでなく来訪者も含めて支え合うのである。

自信が快復出来て社会に復帰したら良いのである。挫折したら、何度でも泣いて戻って来たら良いのである。終の棲家にしてくれても良いのである。真の《故郷》を目指しているのが「はなふじ総合ランド」である。

「強き者」の皆様にも、「弱き者」にしか出来ない社会貢献を支えて頂きたいのである。

藤さんは、「るんびに苑通信」の第七十七号に「はなふじ総合ランド」が運営母体となる「アショカランド」構想について次のように記した。長くなるが、藤さんの熱い思いをそのまま掲載する。

なぜ今、「はなふじ総合ランド」なのか

◆三つの理由

『私は、恥かしながら愚かな道を歩んでまいりました。青春時代、親不孝の限りを尽くした反省から、同じように生きている青少年を看過することが出来ず、その問題解決に取り組み続けて四十数年。十八年前、大勢の皆様（延べ五千余名）のご協力を得て、京都府綾部市に児童心理治療施設「るんびに学園」を開園。虐待や発達障害で苦しんでいた子ども達の蘇りのお世話をさせて頂いております。

シンナー吸引・校内暴力・家庭内暴力・深夜徘徊・無気力等々、四十数年前から顕在化し始めた青少年問題は、今や離婚や家庭崩壊は当たり前、子どもが真っ直ぐに育つ方が不思議がられる時代となりました。どんなに栄えた国でも、子どもが真っ直ぐに育たない国は滅びます。これを理由に、国家権力が青少年教育に介入し、悲惨な結果を招いて来たことは、歴史の示す通りです。今こそ、私達はその根本原因を解明し、適切・有効な対処をしなければ、未来は開けないと思っております。

戦時中の悲惨な経験から、戦後の自由主義・平等主義・法治主義は素晴らしいと、誰もが信じて疑いませんでした。それを後押ししたのが、朝鮮戦争以来の長期にわたる経済発展でした。「自分の幸せ」のために、誰もが必死で働き、奇跡と言われる経済発展を成し遂げました。しかしこの過程で、家庭や地域が崩壊し、青少年問題が顕在化して来たのです。どこに問題があったのでしょう。

第一の理由は、自由主義の欠陥です。人間として、大人として、親として、指導者として、守るべき規範をしっかりと持っている者には、自由主義は素晴らしいものです。しかし、この規範が希薄になり、「自分さえ良ければ良い！」と思う人が増えて、家庭も地域もバラバラ。支え合うことが出来なくなったのです。

第二の理由は、平等主義の欠陥です。機会均等は素晴らしいことです。しかし、上手くやれないのは努力が足りないのだという「自己責任論」が、当然のように叫ばれるようになりました。

しかし、生まれ育った環境も、体力も能力も気力も、千差万別です。たまたま全てに恵まれた者だけが評価される世の中では、そうでない者は、「自分は落ちこぼれだ！　生きる価値のない人間だ！　死んだ方がましだ！」と思うようになります。しかし、死ぬ勇気も無いので一層惨めになり、幸せそうな人を見ると滅茶苦茶にしてやりたいという衝動にかられ、悲惨な事件を惹き起こしてしまいます。幼児・婦女子・ホームレスへの残虐行為、高齢者への詐欺事件、放火・殺人事件等は、年々増加し、誰もが巻き込まれる危険性が高まります。

第三の理由は、法治主義です。法律に準じていれば、誰でも平等の権利が保障されています。素晴らしいことですが、法律が無ければ行政は動けません。その法律は、力のある者によって作られます。少数で、力の無い者の訴えは、なかなか反映されないのです。また、書類さえ整えば、その人の《心情・魂胆》は問題にされないのです。その結果、書類を誤魔化してでも、「貰えるものは、貰わなければ損だ！」という情けない人々が増え、それがまた青少年の手本になってしまいます。一部の政治家や有名人の不祥事は、これを助長しているように思えてなりません。

◆環境さえ整えば必ず蘇る

しかし、戦後の申し子のように生きて来た私は、ずば抜けた能力を持たず迷い苦しむ青少年の《心情》が、少しは分かる気がします。「彼等にも、幸せになって欲しい！」という思いで取り組んで来た結果、その解決方法が見えて来ました。

生命は、皆、真っ直ぐに伸びたがっています。幸せになりたがっています。例え枯れかけ、傷つき、捻じれてしまった生命でも、環境さえ整えば、必ず蘇ります。私達大人は、悩み苦しむ青少年を変えようとするのではなく、彼等が蘇りたくなる環境（場・仕掛け）を用意すれば良いのです。お釈迦様の教え「諸法無我」、「諸行無常」、「涅槃寂静」は、生命が必死で生きて来た四十億年の「生き方」を感得して（悟って）、説かれたものだと思います。七百万年前、チンパンジーから分かれて来た人類の「生き方」、鋭い爪も牙も持たない弱い人類が、支え合って生き抜いてきた「生き方」です。

苦悩する青少年のお世話をしながら気付いた重要なことは、「私が変われば、相手が変わる」という事実です。お世話をする者の《心情》が重要なのです。「るんびに学園」の職員達も、ようやくその重要性を納得してくれるようになりました。

これは、日本独特の心で、仏教に培われた「無我の心」です。一神教や、戦後の民主主義・自由主義の欠陥を補う重要な心です。そしてこれは、職員達が青少年のお世話をするうちに、自然に会得する心です。こんな《心》で接していたら、どんな子も素直になり、本来の力が蘇って来ることを実感するからです。「るんびに学園」では、職員・教員達の親身のお世話で、被虐待・発達障害で苦しんでいた子ども達が立派に蘇っております。この業界では日本一、いや世界一の効果を上げていると自負しております。お陰さまで、平成二十九年には　天皇陛下より御下賜金を拝領、激励のお言葉を頂きました。

◆総合環境療法を実現する複合施設を

しかし、対応出来ている子どもは、ほんの一握り。少子化にも拘わらず、被虐待・発達障害児は増える一方です。このままでは陰湿・悲惨な事件は増加し、日本の将来は暗澹たるものになるに違いありません。刑務所・少年院・児童自立支援施設・児童養護施設・病院・学校・保育所・NPO法人等で懸命な対応がなされていますが、現行法のもとでは、ほとんどが対症療法に追われ根本的な解決には至っていないのが現状です。

また、得体の知れない宗教団体が、甘言を弄して信者を増やしています。マインドコントロールされた本人だけでなく、その家族まで悲惨な結果を迎えています。「オウム真理教」・「エホバの証人」・「統一教会」等は、その代表的なものですが、その他も調べてゆくと背筋が寒くなります。

こういう現状を踏まえて、四十年来模索し続けて来た総合環境療法を実現するために、皆が支え合って生きる村「はなふじ総合ランド」を創設したいと思っております。

生命が生き生きと輝く過疎地で、動物（馬・牛・山羊・兎等）と係わる動物介在療法。植物（米・野菜・花等）を育て調理し共に食する、間伐材や竹材を使って小屋や柵等を作る協同作業療法。三十四年間、独自に確かめて来た和太鼓療法。パソコンの方が良い子にはパソコンの力も活用します。症状の重い子には、薬剤の投与、トラウマ治療に効果的なEMDR（眼球運動による脱感作と再処理療法）等、最先端の心理療法を取り入れた「心療内科診療所」を設置し、対応します。

また、この「はなふじ総合ランド」は、都会の病を癒すことが出来ます。閉じこもり、学校や職場に行けない方。一人で子どもを育てるため逆上し虐待に走る母親。精神障害者。刑期を終えても社会に受け入れて貰えない方。憧れの日本に絶望して帰国する外国人技能実習生等々。個々の対策は実施されていますが、どれも対症療法の域を出ていません。充分な職員を配置出来ないからです。

しかし、個々の施設を一か所に集め、専門職員を核に、それぞれの利用者がその補助役として、互いの《心情》を支え合えば、相乗効果が生まれます。自殺願望の子・自閉症の子・寝たきりのお婆ちゃんが、互いに相手の《心情》を支え合います。刑期を終えた者が無気力な子の働く喜びを引き出し、それが刑期を終えた者の喜びになります。誰でも、役に立てると嬉しくなり、生きる喜びが湧き上がって来るからです。モノ言わぬ牛や馬が人を支え、人が牛や馬を支えます。こんなことは、過去の日本のどこの村でも見られたことです。「はなふじ総合ランド」は、これを現代の諸問題に特化して、再現しようとするものです。

◆皆が支え合って生きる村づくりを

元気を回復し社会に復帰したい人を支援します。また「はなふじ総合ランド」周辺に移住を希望する人があれば、これを支援します。過疎化の止まらない田舎を再活性化させる原動力にもなります。この「はなふじ総合ランド」をモデルに、次々と同様の取組みが広がれば、日本の未来はきっと開けて来ます。

これはまた、権力者の奪い合いに利用されて来た一神教（明治以降、日本もこれを真似しました）の欺瞞を暴露し、それからの解放を促すことにもなると思います。このままでは、人類は滅亡しかねません。「はなふじ養老牧場」は、人類生き残りの提案でもあります。そのためには、四十億年の生命の在り方に即した、皆が支え合って生きる村「はなふじ総合ランド」を早急に開園し、実績を示したいと願っている次第です。

綾部の「はなふじ総合ランド」がオープン出来たら、北海道鷹栖町・広島県三次市・島根県松江市・宮崎県高原町に広げたいと思っております。いずれも過疎地で予定地も広く、中心になる住職や地域の心情も申し分ありません。資金の目途さえつけば綾部で研修しながら準備を進め、順次開園出来ます。

最後に、優秀な者からは、社会不適応の者は負担と見えるでしょう。しかし、彼等には優秀な者に出来ないことが出来ます。辛い思いをした者同士、その《心情》を支え合うことが出来るのです。その結果、本来の生きる力が蘇って来て、負担は減少します。皆が支え合って生きる村「はなふじ総合ランド」の社会貢献です』

施設建設推進委員会を結成

藤さんと私は、個別企業、個人篤志家に資金提供をお願いするために尽力いたすことにした。

松尾の方で資金供与の道筋も見えてきており、ここに《皆が支え合って生きる村「はなふじ総合ランド」》創設基本計画概要書に基づき、本計画の具体化を図るため、関係者（事業者）の知恵と協力を賜り、意見交換の場を、二〇二一年（令和三）十一月十三日（土）に「あやべ温泉」を会場に開催した。発願者の〝想い〟に共感・共鳴・共有できるメンバーで、基本計画策定のプロジェクトチーム「はなふじ総合ランド設立準備委員会」が発足した。

一昨年、藤大慶師より「養老牧場」の基本構想が提唱され、「るんびに苑参与会」の推進事業に位置付けられたが、資金の目途がつかないまま今日に至っている。

二〇二一年（令和三）十二月十二日（日）、綾部市の㈲原田商店の会議室において、第一回設立準備委員会を開催した。

社会福祉法人アショカランドの法人認可、設立へ向けて、専門知識、経験を有する方々の英知をお借りして、早急に事業計画ならびに事業予算書の策定と、施設設置の用地の確保に向けての活動を行って頂くことになった。

◆「一般社団法人はなふじ総合ランド」を設立

この事業は、社会福祉法人アショカランドの社会福祉事業を中核として、医療・教育・農業・商業などが、一地域に複合的に連携し合い、過疎化が進む奥上林地区の活性化をも図ることを目的に、《皆が支え合って生きる村「はなふじ総合ランド」》の実現を目指して、一般社団法人はな

ふじ総合ランドを設立（代表理事・藤大慶）した。（令和四年七月四日付登記完了）

◆皆が支え合って生きる村「アショカランド」構想

私達の先祖（ホモサピエンス）は、自分達を弱い存在だと自覚していたから、皆で支え合って生きる知恵を身につけ、苦難を乗り越え、全世界に広がり、未曽有の繁栄を築いて来た。

しかし今日、その陰で、児童虐待・高齢者虐待、孤独死、婦女子虐待、DV、家庭崩壊、過疎地衰退、都市への一極集中、貧困家庭増大、難民増大等々、問題は深刻化するばかりである。

このままでは、日本は滅びかねないように思われてならない。

三十数年前から、青少年の様々な苦悩にかかわり、大勢の皆様の《無償のご協力》を得て、平成十五年、京都府綾部市に児童心理治療施設「るんびに学園」を開園させて頂いた。現在、虐待・ネグレクト・発達障害等で苦しんでいた子ども達（小・中学生二〇数名）が、職員・教員の献身的なお世話で、徐々に本来の輝きを取り戻している。

この度、子ども達の自立を促進するために、また都市部で生き辛さを感じておられる皆さんのよみがえりのために、当初からの念願であった動物介在セラピーなどを取り入れた《皆が支え合って生きる村・アショカランド》を創設したいと念願いたし、その実現に向けて鋭意注力をいたしている次第である。

日本再生・活性化の試案である！

《アショカランド》とは

「アショカ王(阿育王)」は、釈尊入滅後の約百年後、インド亜大陸(アフガニスタン・パキスタン・インド)をほぼ統一したマウリヤ王朝の第三代の王様である。

仏典には、九十九人の兄弟を殺し、五百人の大臣を抹殺した暴君であったが、カリンガ王国制服の激戦で、その悲惨さに深く心を痛め、仏法に深く帰依し、仏法に基づいた善政を敷いた。各地に釈尊の遺徳を記した碑文を残し、第三回仏典結集も行った。と記されている。

アショカは無憂樹（むゆうじゅ）・無憂華（むゆうげ）の意

◆「アショカランド」の運営施設

アショカランドは、左図のとおり、動物介在セラピーとしての「養老牧場」の周辺に心療内科診療所・医療的ケア児支援施設・自立援助施設・週末里親支援施設・ＤＶ母子支援施設・独居老人ケアハウス・小規模児童養護施設・保護観察者支援施設・外国人実習生支援施設等々が設置され、複合的な社会福祉施設の実現を目指すものである。

◆過疎化する地域の産業振興発展の支援事業

前記の社会福祉法人が展開する事業をサポートするために、株式会社が独自の事業を展開して、過疎化する綾部市十倉～奥上林地区の町興しと、地域の産業振興の一翼を担ってもらうこと

皆が支え合って生きる村「アショカランド」の運営施設

日本の指針になる“先駆的な取り組み”

◆人間は、チンパンジーから分れて700万年、そのほとんどを自然の中で生きてきました。300年程前から始まった産業革命は徐々にその進行を早め、この数10年の変容は目を見張るばかりです。700万年かけて培われてきた心身が、この急激な変化に適応できなくなって、様々な心身症が重大な社会問題になっています。

◆「アショカランド」で本来の力を取り戻し、社会に復帰するも良し、都会を離れて田舎での生活を選択するも良し、都会と田舎が支え合い、強い者と弱い者が支え合って生きていく。これが各地に広まれば、過疎地も過密地もよみがえります。

◆今後の日本の指針になる《先駆的な取組み》です。

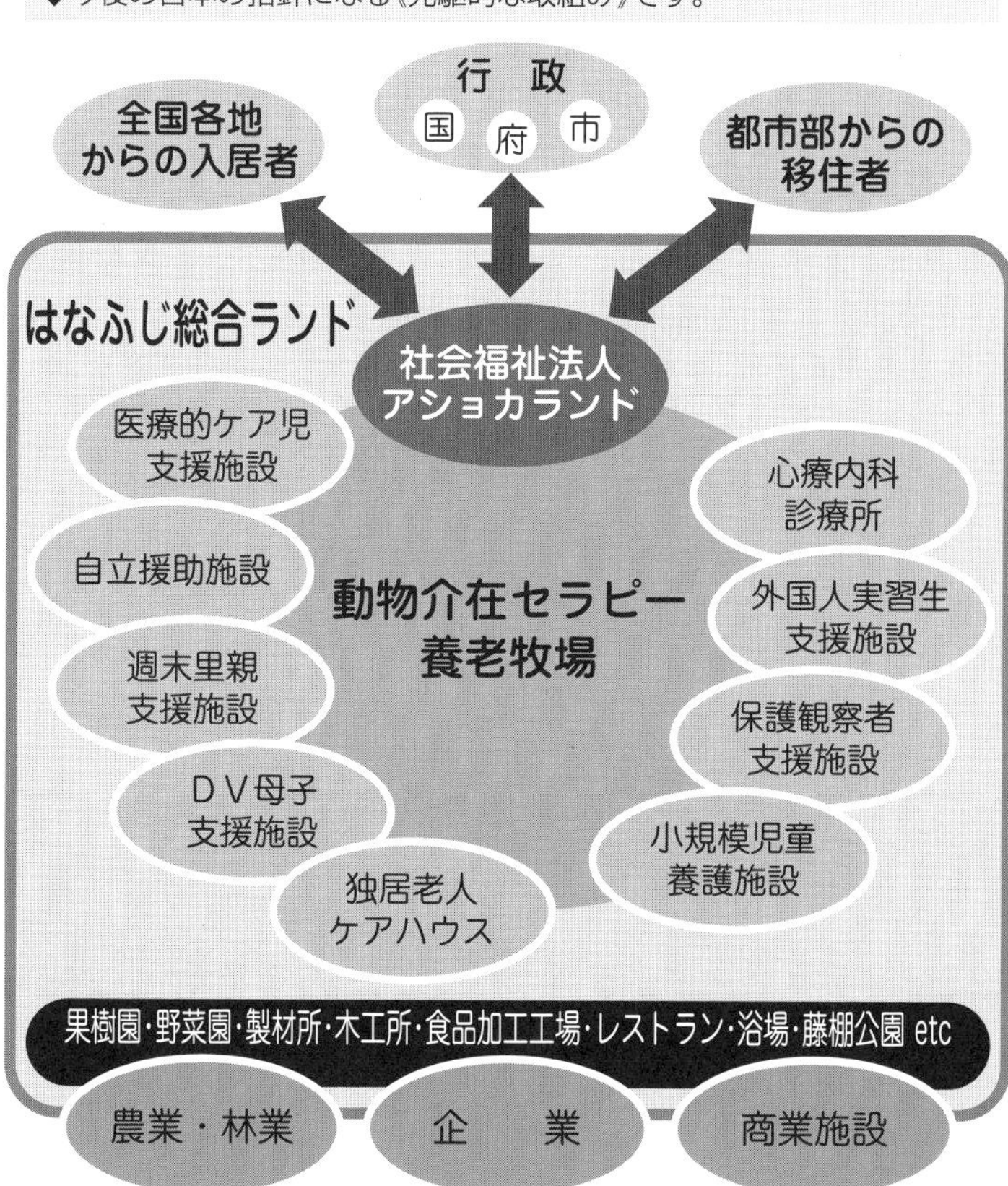

によって、地元住民の働く環境を整える。

また、同地区を出た若者たちがUターンできる〝働く場〟を作り、かつ、都市部から移住者たちによって活力のある町の実現を図るものである。

●遊休土地（農地）の再開発事業
●空き家の有効活用〜移住者たちへの住居提供
●農地の有効活用〜米つくりからフルーツ、特化野菜づくりへ
●牧場で産出する物の活用、製品化
　例：牛乳・チーズ・バター、牛肉・豚肉・羊肉、ハム・ソーセージ等々の製造・販売
●羊毛製品、革製品等々の付加価値商品づくりと販売
●京都府下一、いや日本一の「藤棚公園」
　例：ビオトープ事業からアヒルのタマゴ・鴨料理、・スッポン料理・ニジマス料理等々
●多種多様の動物の放牧〜観光の名所づくり
●現行人口の倍増により市民税の税収アップ
●他府県から施設見学、観光旅行者の増大
●廃校寸前の小中学校の存続と維持が可能
●外国人向けの観光メッカをつくり上げる

このような事業に、収益事業として株式会社が数十社誕生する。勿論雇用するのは、前記の社会福祉事業に関わる、支える人と支えられる人たちである。

この施設全体を網羅した組織が「はなふじ総合ランド」である。

旧来の募財活動ではムリ

二〇一八年の秋に第二期施設整備事業計画を策定して、募財活動のためのリーフレットを制作、その年十二月に、既存の会員の皆様に「最後のお願い」を藤さんがメッセージに認めて発信した。

翌二〇一九年（平成三十一）の春、藤さんが大阪からの帰りに高槻で下車され、二人で食事をしながら語らった。

その時、現状の施設の拡充計画で予算化して募財活動を始めたが、「私は、るんびに苑参与会の有馬会長に相談と提案をした。それは、何とかして青少年の自立支援施設と牧場を創りたい」という事であった。

藤さんの頭の中では、パクッとした試算で約三十億円の資金があったら実現できるというのであった。

私は藤さんに「この夢を実現するには旧来の募財活動のやり方では実現不可能です。大口の篤志家を発掘するしか途はありませんよ」と進言した。その他に参与会を母体にその方途を創り出すしかないと。

有馬会長は快く受け止められて、「次の総会に諮ることにしよう」と、引き受けて頂き、二〇一九年（令和元）十月一日、第二回定時総会が開催され、すでに前述（第九章）のとおり、当参与会が全面的に支援することが決議された。しかし、それは、各宗派の役員と協力会員の範囲で留まり、拡大には繋がらなかったのである。

知人を介してFさんとの出会い

二〇一九年（平成三十一）三月二十一日（木）、㈱エコ・サポートの山本泰三社長を介して、Fさん（伝統仏教某宗派監事）との出会いがあった。私は㈱エコ・サポートの取締役として経営に参画していたので、当時、インドネシアの食用のパーム油の原料である油椰子の副生物（残材）の処分に困っているとの実情に、原子力発電に代わる「代替エネルギー」としての活用の術を研究していたエコ・サポートが、現地で現場を確認したら、この副生物から液体燃料・気体燃料・固体燃料を創出できて、副生物の百パーセントを燃料として活用することで、特許（国際）の出願、登録もしていた。

私も二〇一八年（平成三十）六月、同国のスマトラ島とジャワ島を訪問して、油椰子農園（国営公社で、二十一ヶ所）を視察した。一農園の面積が大阪市の面積よりも広い椰子農園である。パーム油の工場の傍に広大な溜池を造って油椰子の残材をその池に捨てていた。その池には残った油が水と遊離して油が水面に浮き、地底からガスが水玉のように水面に吹き出していた。

この実情を見たエコ・サポートの技術者たちは、浮いた油を「液体燃料」に、メタンガスは「気体燃料」に、そして、底に沈殿した椰子ガラを「固体燃料」にすることを考えたのである。これは技術的には問題はない。後は事業化するための開発資金であった。

その時に、インドネシア政府とのパイプ作りに奔走していた山本社長は、Fさんを紹介してもらい面談したところ、そのFさんは一般社団法人日本スリランカ友好協会の専務理事をしておられて、「東京のインドネシア大使館を訪ねなさい」とアドバイスを頂いた。それが展開のキッカケとなったのであった。

二〇一九年（令和元）九月十九日（木）、私は山本社長と東京駐在の白石技術顧問とインドネシア大使館を訪問して、タスリフ特命大使（のちに本国の資源エネルギー鉱物省大臣）に面談した。ご挨拶だけでも……と、お願いしての面談が大使室で小一時間もの面談となり、我々の事業に積極的に傾聴され、その場で本国の担当庁官に電話で話され、パームオイル研究所・油椰子農業公社・エコ・サポートの三者共同研究の場ができたのである。

そのFさんは国際的にも幅広い人脈を持つお方で、数回お会いしているうちに、アショカランドの夢構想をお話して、多額の資金を求めていることを申し上げたら、すごく共鳴して下さった。そして、その資金供与の切り口づくりに全面的に支援して頂いたのである。

ビッグニュース「大口資金」のチャンス到来

Fさん曰く「松尾さんね、お金の仕組みを知ってるかい」

「いいえ、存じません」

「日本の政府には表の仕組みとウラの仕組みがあって、国民の全ては表の仕組みしか知らない。もちろん財務省の人間でもそう。ある特定者だけがウラの仕組みのお金を扱っているんだよ」

機密事項に関することで触れることは避けるが、その資金供与を受ける要件の代表権者と人脈を作ることが専決であるとのことであった。

同年（令和元）九月十七日（火）の夜、Fさんから山本社長経由でビッグニュースがメールで入った。

「経済援助資金特別会計より資金提供の案件」の朗報であった。

しかし、明後日の申請締切日となっている。明日一日しか時間がない。さあ、私は慌てた。願ってもないチャンス到来。すぐに藤さんに電話を入れた。明日は自宅に待機するようお願いした。

明けて十八日、九時十八分にメールにて事業計画書の書式があるのかを確認した。折返し、窓口のKさんからメールにて丁重に要点を知らせてもらった。

私は、るんびに牧場計画の概算予算三十億円の事業計画書を一ページにまとめ、Kさんにメールで見てもらった。すると、Kさんから三十億円というちっぽけな事業計画では書類審査で通りませんよ。計画書には一千億円で書いて下さい、とのこと。事業案内書はＯＫです、八部準備して下さい。後は、登記簿謄本と代表者の身分証明書です、とのメールでのアドバイスを頂戴した。

午後二時半、藤さんに次のようにメールにて連絡を入れた。

『事業計画書を作成し、先方とメールでキャッチボールのうえ、ＯＫの返事をもらいました。明日、私が東京へ持参します。別件のエコ・サポートも資金提供の申請をしますので、山本社長（インドネシアの事業計画書）も一緒に上京します。事業名を《蘇りの村「あやべ十倉健康ランド」》（仮称）としております。資金計画は一千億円になるように書くように指示（見積書不要）がありましたので、数字の展開をしました。もしこの案件が通れば四十％の四百億円が供与されます。

　この計画書は、受託者の署名捺印が必要ですので、本日、竹市氏に持ち帰ってもらいお届けします。マイナンバーカードの写しはＯＫです。登記簿謄本は届いておりますか。提出書類の事業案内は、るんびに学園のリーフから八部コピーを作成しました。提出書類はこれですべてＯＫです。あとは幸運を祈るばかりです』

窓口のＫさんのメール連絡によると、「経済援助資金特別会計より資金提供」の案件は、『学校法人、医療法人、社会福祉法人に対する資金提供と企業・株式会社に対する資金援助（特許に対する支給金として資金提供）で、資金に関しては、先に金額が振り込まれ、そのうち五十％は政府の財源とし、十％が機密費として指定窓口に戻します。残りの四十％の残金は、資金の受給者ご本人が自由に使える資金になります』という内容であった。

◆書類受理の連絡が入る…

同年（令和元）九月二十五日（水）、東京のKさんからメール連絡が入った。

【重要連絡事項】申請者様、仲介業者様への重要連絡でございます。

令和元年九月十九日に締め切りました「産業支援金の申請」に関して重要連絡でございます。すでに申請者全員の書類は、書類選考が開始されています。応募多数のために書類選考に時間がかかる見込みです。十月中旬から面談が開始される予定になっております。

審査の流れとしては、①書類選考↓②一次面接↓③二次面接↓④資金実行の順で行われます。

①書類選考後、合格者へは会社の代表電話番号に連絡

②電話連絡が入った後に直ちに、窓口業務（O）に電話連絡下さい。

携帯電話　×××－××××－××××　K

③窓口業務　Kが面談前に、面談に関する事前説明を行います。

ここで、すべての本資金について申込された方へ本案件を紹介して頂いた元付け、仲介者へのお願いがあります。

書類選考の結果、合格になった申込者へは本資金の審査を行っている事務局より、ご本人への電話連絡がございます。連絡先は会社の代表電話に電話をかけるようになっております。代表電話に電話がかかってきた場合必ず対応をお願い致します。また、事務局より連絡があった場合には、当方に必ず、面談日の日程を電話連絡お願いいたします。

面談を行う前の心得と本資金への説明がございます。もしご連絡がない場合には、資金実行の際に資金提供ができないことになりますので、

＊連絡内容・一次面談日の日時・会社名・申請者の氏名・携帯電話の連絡先不合格の場合は連絡がありません。十月末までに電話連絡がない場合は不合格と考えて下さい。

＊書類選考などの合格者へは、代表電話に電話連絡をすることになっています。必ず対応をお願いいたします。

◆書類審査に合格したが……

同年（令和元）十一月二十七日、Kさんからメール連絡が入った。

《令和元年九月に申請した補助金について》

令和元年十一月二十七日より書類選考で合格した方への電話連絡が本格的に開始します。

まずは、医療関係の団体組織から連絡を行います。書類選考に合格になった団体代表者の方へは、電話連絡で合格が通知され、面談の日程が伝えられます。面接日が決定し、一度の面談をした結果、合格になった場合には、次の面談時に資金が実行されます。

電話連絡が行く順番としては、

① 医療関係
② 学校関係
③ 医療、学校以外の社会サービスに対する法人
④ 特許関連の企業

①から順に②、③、④と、対象ジャンル別に面談の連絡を行います。①の医療関係の資金実行まで完了を行った時点で、次の学校関係への面談、資金実行と順番に行っていきます。

年内には、医療関係は完了する予定ですが、最後になる④の特許関連の企業への合格者への資金実行は、年内実施はタイムスケジュール的に難しいということで、一月になるということです。

十二月、一月は、補助金の合格者への連絡を行うので、注意して電話を待って下さい。また、電話連絡が入った場合には、必ず窓口を行っている担当にご連絡下さい。

面談する前に、合格者の方とお会いさせて頂き、事前の説明がございます。宜しくお願い致します。ご不明な点がございましたら、お問合せ下さい。

◆窓口のKさんへメールにて返信

同年（令和元）十一月二十七日、私は次の内容のメールを返信した。

『社会福祉法人るんびに苑の松尾です。

九月に申請しました援助資金については、十月末までに連絡がなかったので、書類審査にて不合格となったものと判断して残念な思いをいたしておりましたところに、本日のメールにて進捗状況のご連絡に接し、まだ可能性が残されているのでは……と、期待が蘇って参りました。

私どもにとっては壮大な事業計画でございまして、もし、資金提供が叶えば我が国に最初の「皆が支え合って生きる村」が、京都府の過疎地に実現でき、心を病んだ人たちの、そして、就労の場の提供にもなり、病んだ子ども達の「よみがえりの村」として、注目を得る『あやべ十倉健康ランド』になるものと確信いたしております。

是非、面談の機会を心から念じております。』

（社会福祉法人るんびに苑理事・松尾正隆）

◆残念ながら資金提供を得られず……

翌二十八日、Kさんへ電話を掛けたら「書類審査は通ったのですから、面談の機会に繋がればいいですね。今回の資金提供は、コロナ禍のための政策的なものでして、今回限りだと思います。ご案内の通り、①から④までの順位で決定していきますので、資金提供の枠に達したら打ち切りとなります。松尾さんの申請は③番ですから厳しい線引きですね。あまり期待せずに待って下さい。一月末までに電話が無ければ諦めて下さい。」とのことであった。

Fさんの「ロマン・ガマン・ソロバン」の言葉が私にはピッタリである。何とか来年の二月には「ソロバン」が弾けるようにと祈るしかなかった。藤さんと二人で初夢以上の夢を抱いて年末を迎え、そして、令和二年の新年を迎えたのであった。

正月からの一月は落ち着かぬ日々を送った。が、とうとう藤さんには電話がかからなかった。残念無念であった。Fさんは、「経済援助資金」の仕組みは、二〇五〇年までの約定で、いつでも適応してもらえるので、焦らずにチャンスづくりをすることだね」と。いつでも応援するとのお言葉を頂戴した。お陰さまで落ち込まずに、次のチャンスづくりの挑戦を始めた。

夢実現の資金づくりに奔走するも

Ｆさんに教えて頂いた「産業育成資金」は、ウラの仕組みとして表化されていないので、要件を満たす受託権者は国内では限定されるが、すでに百人を超える方が受託していると推測されている。この仕組みは機密事項扱いのため公表もされないので〝幻の資金〟である。

本件、受託権のある企業の代表権者とは面識もないので相談もできない。リストした企業に勤められた私の友人・知人に相談すると、退社して二十年も経っており、現社長は社員として在職していたことくらいの認識で面識もない。ＯＢ会に出席しても現社長と対話する機会はないよとのこと。

私は面談の機会を作るためのキッカケづくりの作戦をとった。Ｆさんは「産業育成資金の事を書面に書いて面談の相談を投げたら……」と、アドバイスを頂いた。

相手様に応じて丁重な書簡を郵送でお届けした。二十一名中、二名の方から書簡がそのまま返送され、一名の方は受け取り拒否。ほかの方は無視された。

我が国を支える基幹産業の経営者のほとんどがサラリーマン経営者、オーナー経営者であっても二世、三世の方である。共通するのは〝度量の狭い〟経営者たちである。自社の経営で収益を上げればよい。社会の隅々のことは知らん。すなわち、「強き者」の論理の対処であることを知らされた。

私の書簡の一例を掲載する。

◆企業H社の代表取締役社長様へ宛てた書簡

謹啓　貴台ますますご繁栄のこととお慶び申し上げます。

突然にお手紙を差し上げますことお許し下さい。

私は、ポンプメーカー㈱西島製作所に勤務した松尾正隆（昭和十八年生・佐賀県出身）と申します。私事ですが、本年七月で満八十歳の傘寿を迎えるにあたり、多忙にかまけて棚上げしておりました懸案事項の自分史「私の歩み」に着手できる時間がとれましたので、昨年の八月から編集に着手しました。八十年の人生の記録は膨大なために、著書名を「昭和・平成・令和時代を生きて」と題して、

①第1巻　激動の昭和時代・戦前戦後の松尾家〜昭和二十四年まで

②第2巻　高度経済成長期・土台構築の時代〜学業期からトリシマ時代

③第3巻　経営コンサルタント・社会貢献の時代〜ＴＭＣ社と関与組織

にまとめ上げることにしました。そして、第1巻を昨年の秋に刊行することができました。この著書は親族の範囲に留めて限定版としました。プロローグ・目次・エピローグの抜粋コピーを同封しますのでご笑読いただけましたら幸甚です。

第2巻の『高度経済成長期・土台構築の時代』は、トリシマで昭和三十七年から平成三年まで三十年間、入社以来人事畑を歩み、人事課主任↓係長↓課長を経て能力開発課長↓TQC推進室長を歴任して、平成三年に経営コンサルタントの道を選び、トータルマネジメントコンサルティング社（TMC社）を設立、自立して今日に至っております。

私のあゆみの中で、御社との出会いをまとめている時に、昭和五十三年四月、M副社長（後に社長）にご面談、現場の技能者を派遣社員として十八名を一年間、酉島の製缶課で勤務してもらった時の資料から、後に、人員整理をなされました折の転職社員を多数受け入れたこと。昭和六十二年九月に酉島の原田龍平会長が急逝（享年八十四歳）され、社葬にN取締役相談役（元社長）とM社長が参列して下さったこと。そして、翌年の一周忌・故原田龍平を偲ぶ会（平成六十三年十月）までに自叙伝と追悼集を出版（小職が担当）する折に、故人と交友のあった方々に執筆のお願いをいたし、その時、「書くことは勘弁して欲しい」とのご返事のN相談役にその年六月六日に、M社長には同月二十一日に本社に伺って取材して誌面を作った（コピー同封）ことなど、走馬灯の如く思い巡らせて、今日の御社のご繁栄の状況をも知り、お手紙させて頂いた次第にございます。

御社は、初代I社長、二代M社長、三代N社長、五代M社長と歴代四人の社長が長崎高商（現長崎大学）卒業であり、原田龍平社長から同窓会・瓊林会（けいりん）の運営についてよく聞かされていました。そのお付き合いからビジネスにもつながっておりました。

私は社内報「とりしま」の編集も担っておりましたので、忘れないのは御社の主力工場「因島工場」へ、「ユーザー訪問記」の取材で昭和四十八年一月に訪問したことでございます。当時、十万重量トンの新ドッグが新設され、トリシマ製の排水ポンプ（１３５０－ＳＰＶ型）三台と補助ポンプ一台が納入されていました。このドッグ内の海水を主要ポンプ三台のフル運転で約二時間二〇分で排水してしまうという代物でした。（社内報第二十三号掲載記事コピー同封）

また、私は原田龍平会長健在の折、昭和六十年に「ＴＱＣ」の導入を具申し、後継社長の原田耕治専務と一年かけて練り上げ、同六十一年八月一日創業六十七周年記念日に導入宣言大会を行い、着実な推進を展開いたしておりました。

その頃に、技術開発本部の今尾旬参事・専門部長、同林信巳副参事・専門部長補がご来社、面談。平成元年十一月十五日に企画室原利夫副参事と木見谷晃一主事補がご来社、面談。平成二年六月三十日に桜島工場の瀧野直輝品質保証課長と第六回ＱＣサークル活動発表大会・全国大会でご一緒し、平成四年一月七日には社長室の原利夫参事に日科技連の賀詞交歓会でご一緒しており、原様とは爾来、今日まで年賀のやり取りも続いております。今年の賀状には「昔のことを思うと懐かしさで一杯です」と書いておられました。

私もこの時代の編集をしながら急遽、原様（昭和十一年生）に電話しました。いつに変わらぬ溌溂とした声を聴かせてもらい嬉しゅうございました。現在の御社とは交流もないので、

M社長様とは面識もないと申されておりました。

この第2巻を七月までには刊行したいと念じて頑張っておる次第です。そして、最後の第3巻の編集が待っています。第3巻は「経営コンサルタント・社会貢献の時代」と表題をつけております。その中でも片足をボランティア活動に投じ、関西佐賀県人会の役員を二十六年間つとめ、最後の八年間は事務局のヘッドとして専務理事を仰せつかり、設立七〇周年の記念誌『関西の地で支え合った七〇年』を出版して、昨年三月末をもって任期を機に退任させてもらいました。そして、二十八年間関わりました「るんびに苑グループ」（六つの組織）の事務局長も、組織の解散と併せて退任いたしました。

残された人生は、二十八年間寄り添ってきた藤大慶師の夢実現へ向け、皆が支え合って生きる村「はなふじ総合ランド」の実現に向けて尽力いたしたいと決意いたしております。

今、世の中は混沌としております。地球温暖化の問題、食糧の問題、エネルギーの問題と課題は山積しております。一つの事業を成し遂げるためには大変なエネルギーを要します。私は「ロマン・ガマン・ソロバン」と放言して参りました。

「お金は汗して自らが稼ぐものだ」と自負してきましたが、そのお金も「しくみと知恵」によって生み出されるということも学びました。

是非、M社長様にご面談の機会を作って頂き、これからの時代に残すべき方途についてご教示賜りたくお手紙をしたためました。

ご都合の日時を設定頂けましたら参上いたしますので、(〇〇〇―××××―××××松尾)へ電話またはSメールにてご連絡頂ければ有り難いです。

まずは貴意を得お願いまで。

敬白

令和五年五月十八日

ＴＭＣ社代表　松尾正隆

しかし、この書簡は一方通行に終わってしまった。面談する時間くらいは作って欲しかったのである。全く私の「こころ」は受け止めてもらえなかった。

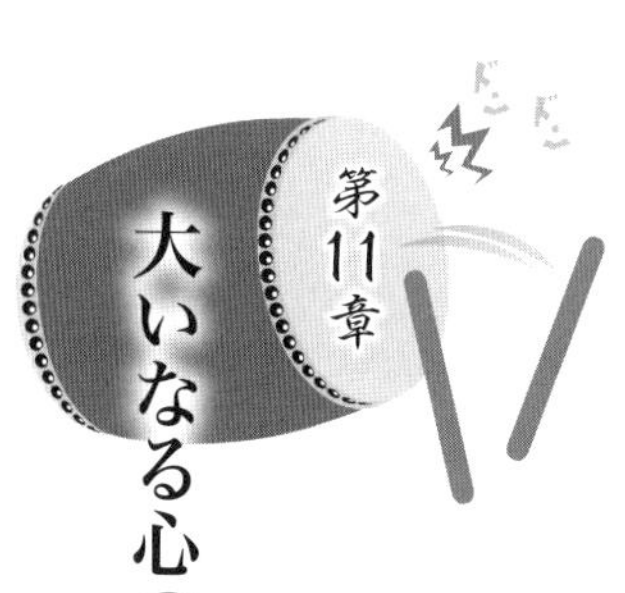

第11章 大いなる心の遺産

藤大慶の夢、アショカランドの夢実現に、
せめて一人くらいご協力者が登場して頂けるのでは……。
そう念願しながら東奔西走したが、ついにご縁は生まれなかった。
金のない者にはロマンが描けても、
金のある者にはこのロマンは無縁というのだろうか。
そして今、藤さんの「心と魂」が
大きな遺産として遺されたのである。
「心の超人・藤大慶の想い」を後世に伝え残すことが、
二十八年間行動を共にした者の務めと思っている。

早過ぎた永遠の別れ

◆入院一週間前の対面が最期に

二〇二三年（令和五）六月七日（水）の夕方、ＪＲ高槻駅改札口で藤さんと合流して、いつもの割烹「つきの井」で食事をとりながら談話した。

①馬主への相談案件が実現不可能となったこと。
②東京へ出向いて、厚労省ほか関係部局を訪問したこと。役人は当方が描いている現場への視点はさらさら持っていないこと。
③照会されて「国家戦略特区」の事務局を訪ねたこと。
④水谷修先生に連絡して相談したこと。

〜公明党の国会議員を紹介するので相談に乗ってもらったらどうか。ただし、今は自民党との選挙区（都内）の問題で亀裂が生じているので、落ち着いたら面談してもらえるとのこと。

物事は諦めたら終わり、何とか道筋を作り、レールを敷設するまでは二人で挑戦し続ける約束をする。あと五年で目途をつけようと、手を取り合って合意し、綾部に帰ってもらった。まさか、この夜が最期の対面になるとは想像もし得なかった。

◆推進委員に速達便が届く

同年六月九日（金）、藤さんから速達便が届いた。そして、この書簡は施設建設推進委員会のメンバー七名（松尾正隆・松田正幸・原田直樹・永井晃・平野智照・岡田敏明・幡谷康明）と、学園分教室の大島辰哉・伊賀真志両先生と水谷修先生に送られたようだ。それは、別記の書簡で次のようなことをしたためてあった。

■前略

■ご心配ばかりお掛けして、申し訳ありません。その後のご報告を申し上げます。

■日本にも、給孤独長者のような方がおられるに違いないと思い、これまで京都や大阪の富裕層に、協力をお願いしてきましたが、何の反応もありません。たまたま、走れなくなった馬（引退馬）の「養老牧場」に関心を持っておられる馬主のことを知り、引退して「養老牧場」を経営されているレジェンド騎手・角居勝彦氏の協力を得ようと、三度輪島に出向きました。しかしこれも頓挫。富裕層の協力が無理ならば、国の支援を受けようと思い、五月二十二〜三日、厚生労働省や内閣府（国家戦略特区）を訪ねました。しかし、いずれも現行法の下でしか対応出来ないとのこと、日本の将来を総合的に考えている部署もないようです。残るは、国会議員の協力を得るしかありません。夜回り先生・水谷修先生の活動に共鳴・協力しておられる公明党の国会議員のことを思い出し、力添えをお願いしました。水谷先生は快諾され、早速連絡を取って下さったのですが、あいにく公明党と自民党との協力関係に問題が生じ、件の議員諸氏も対応に追われ、少し待って欲しいとのことでした。池田大作名誉会長の平和主義が浸透している公明党ならば、きっと自民党も動かし、実験的な「官（国）立民営」の「アショカランド」の実現に動いて下さることと期待しています。ただ、これには少々時間がかかるでしょう。

■私が動けなくなった時のことを考え、今後の事は、水谷修先生に先頭に立って頂き、取り組んで下さるようご依頼致しております。

■理事の皆さんには、水谷先生の指示のもと、るんびに学園分教室」の有志教員と力を合わせ、辛い思いをしている者が支え合ってよみがえる村「アショカランド」の実現にご尽力下さるよう、伏してお願い申し上げます。たとえ数年後の実現が無理であったとしても、二〜三十年後には、きっと誰かが気付き取り組んでくれる筈です。何故なら、今の日本に無くてはならないものだと思うからです。

■取り急ぎ、ご報告とお願いを申し上げます。

■気候不順の昨今、くれぐれも御身お大事になされますよう！

合掌

令和五年六月八日

浄土真宗布教使・西福寺前住職
「はなふじ総合ランド」代表理事
藤　大慶

理事・有志教員 各位

※水谷修師・理事・有志教員の名簿を添えます。

このあと、平野さんから電話にて驚きの声が入った。今度は、これまで「るんびに苑グループ」にご協力下さった関係者の皆さんへお手紙が届いたことであった。

同月十五日（木）の夕方、藤さんに電話した。電話に出られた聖子夫人に「藤さんはいらっしゃいますか？」すると「主人は病院に入院しました」と。「どうなさったのですか？」「いや、ちょっと…」「それではお聞きしませんが、何かあったらすぐに連絡して下さい」とのやりとりをした。

◆友人・知人から電話が殺到する

同月十六日（金）、池田市の正福寺・末本前住職よりSメール。

藤さんから手紙が届きましたが、体調が悪く精神的にも落ち込んでいる様子……、大丈夫でしょうか、と案ずるメールであった。私にはその手紙がまだ届いていなかったので驚いた。「あと3年はがんばりましょうね」と2人で話し合ったばかりだったからだ――。

その手紙をファックスにて送信をお願いする。着信して間もなく末本さんから電話あり。これからお参りがあると言うので詳細の話はしなかった。

藤さんから手紙が届いたと、平野さんから電話。「あて先は？」「ご協力を賜った皆様」と書いて、沢山の方に送られているようですと。

「こちらは、池田市の末本弘然氏からSメールで照会があり、ファックスにて送信してもらった」と。文面を平野さんの手元の手紙と照合したら全く同一の文面であった。

この後、夕方から夜、翌日にかけて、藤さんから手紙を受けたと、次々に電話が入った。友人・吉田英夫氏（泉大津市）をはじめ、かつての後援会役員の方々から「どないなっていますのか」十七名の方々からの照会であった。私の学友や会社時代の友人（今回藤さんの著書を買ってくれた）にまで手紙が届いたのには驚いた。

同月十八日(日)の夕方、藤さん宅・聖子夫人に電話して、「東京の国家戦略特区への提案書のワード原稿がパソコンに入っている。それをメールで送信してくれせんか」とお願いした。するとと夫人は「私はパソコンを触ったこともありませんので、明日、広島から二男の玄猷が来ますので、玄猷から連絡させます」との約束をする。

◆二男・玄猷さんと電話とメールの交信

同月十九日（月）正午過ぎに、私の出講先に玄猷さんから電話が入った。藤さんのパソコンを開いて「行政関係」のホルダーがありますか？「あ、ありました」「じゃぁ、その中に〈国家戦略特区〉のホルダーがありますか？」「あ、ありました」では、そのデータを私のメールアドレスに添付して送信してくれるよう依頼した。すると「松尾さんのメールアドレスが判りません」私のメールアドレスを伝え、今日は午後四時頃に帰宅するので、帰宅したらすぐに確認して返事する旨を伝えた。

帰宅して、メールの確認、間違いなくワードのデータが添付されており、ＯＫの返信を入れた。

東京・国家戦略特区へ電話で照会~五月二十三日気付けの提案書について、藤大慶よりメールにて送信されているか否か、先方は、受理か否か、内部調査の上返事しますとのこと。

◆東京・国家戦略特区とのやりとり

同月二十日（火）、東京・国家戦略特区事務局の山下さんから電話があった。

●メール着信の記録はありません。

●藤さんが直接来訪され、別紙の「国家戦略特区提案様式の報告」の書面を預かっている。

●本件は、⑦項の事業の実施を不可能、または困難とさせている規制等の内容

●⑧項の規制等の根拠法令等について、○条○項の○号まで判る場合は記載すること。

●⑨項の⑤項及び⑥項を実現するために想定される規制改革の内容について、どの規制をどうして欲しいのか、を記載すること。

●以上のことが定かになっていないので書面は預かり置くに留めているとのことであった。

もう少し具体化してから相談したい旨を伝えて電話を切った。

僅か十二日間の病院生活で……

◆藤大慶師から電話、最期の交信

同月二十四日（土）の昼過ぎに、藤さんから電話があった。言葉が聞きとりにくい声で「公明党の国会議員に、東京へ出向いて会って欲しい」旨のことを伝えられたので、食い違いが生じては大変だから、要件をメモに書いて、ファックスしてくれませんか、とお願いして「じゃ、そうするから」と電話は切れた。これが最後の交信となった。

◆死の前日、聖子夫人と電話のやりとり

同月二十五日（日）、聖子夫人から電話にて、主人から「息子さん（浩一）の携帯番号を教えて下さい」と言ってきたので……と。これまで息子・浩一と直接電話の交信実績があればまだしも、初めて着信する息子も戸惑うと思うので、「どのような要件を伝えたいのか、大慶さんに確かめて欲しい」と、申し上げて携帯番号は伝えなかった。「明日月曜日が面会時間ですから…そう伝えます」と。

昨日、大慶さんから直接電話があったこと。国会議員に面談して欲しい旨の事を話しておられるも、いま一つ聞き取りにくかったのでメモに書いてファックスしてもらうようお願いしているので、併せて確認をお願いした。

「十三日気付けの手紙発信はご存知ですね。奥さんはその手紙を読まれましたか」と尋ねると、「はい、読みました」との返事。

「どの範囲まで発信されているかご存知ですか？　私の友人・知人にまで出しておられてビックリしています。十六日から沢山の方から電話が入りました」

「そうでしたか……」と夫人。

私は「体調を崩されて緊急入院の処置をとられており、命に別状はありません。ご心配をおかけして申し訳ありません」と、皆さんにお応えしていることを申し伝えた。

「もうしばらく入院生活が続くと思います」と夫人。

「この際、しっかり休んでもらいます。元気になられてもアショカランド事業から退いてもらいますので、そっと静観してもらうつもりです」と私は伝えた。

◆予期せぬ訃報に接し

同月二十六日（月）の正午過ぎ、「るんびに学園」の髙橋園長から電話があった。「藤さんが亡くなられたとのことです。長男の慶哉さんからの連絡で詳細は判りません」との連絡であった。

電話を受けたのは出講先の友和電興㈱（後援会のご協力者）であった。午後は自宅に戻った。

「悲しみ」より「怒り」が込み上げてきた。何とも悔しい訃報であった。夕方、泉大津市の吉田英夫さんから電話で藤さんが逝去のこと、髙橋園長から連絡がありましたと。聖子夫人、ご子息から連絡がないのが何とも寂しい限りであった。

福知山市の幡谷康明さんから電話で「本日、るんびに学園賛助会・総会が午後二時から開催され、出席して来ました。その総会の席で、長谷川理事長から前理事長の藤さんが本日亡くなられましたと報告がありました。本当にびっくり致しました」と。

幡谷さんも推進委員の一人で、「活動のために〝タクシー替わり〟に使って下さい」と、今年の一月から協力を頂いてきた方。十五日に手紙を頂いて、どうなさったのかと案じておりました。と心配の電話であった。

平野さんに電話で亡くなったことを伝えた。夜に髙橋園長から電話で、葬儀会場は茨木の西福寺で、二十九日通夜、三十日葬儀式が決まった様ですとの知らせが入った。平野さんに再度電話で、場所と日時を連絡した。平野さんからは、祭場に供花を「はなふじ総合ランド」として挙げられたらどうですか、と提案頂いた。

◆私には直接の連絡がないまま

同月二十七日、この日も藤家からは何の連絡もない。勝手に供花を手配も出来ず、思案の末、二男の玄猷さんに電話した。

玄猷さんは「それは大変失礼を致しました。いの一番に連絡すべき松尾さんに連絡してないとは、誠にお恥ずかしいことです。どうかお気を悪くなさらないで下さい」と、丁重な詫びを申された。

私は、会場係を知らないので、明日、供花一対を『一般社団法人はなふじ総合ランド・理事一同』名でお供え頂くようお願いした。代金は通夜式のお参りの折にお支払いします。との連絡を終えてホッと一息付けたのであった。

◆茨木市・西福寺へ通夜式に参列

同月二十九日（木）、本日の通夜式は十九時からとなっており、妻を帯同して一時間早く西福寺に出向いた。お陰で聖子夫人、喪主の慶哉さんにもご挨拶が出来た。そして、故人の棺で藤大慶師のお顔を拝顔出来た。安らかなお姿にお別れの言葉を伝えさせてもらった。

喪主・慶哉さんから、本堂弔問者の席に座るようご案内頂き、妻と二人椅子に座らせてもらった。寺院は狭く、境内もない状態で、路地に立ち席で沢山の寺院のご住職がお参りされていた。るんびに学園からは朝比奈係長と顔合わせしたので、他の方は？「髙橋園長もお参りされて先ほど帰られました」とのこと。るんびに太鼓のOB村下正幸君も来ていた。「つい先日オーストラリアから帰国して、訃報を知り慌てて出て来ました」と。

◆告別式に静岡県の松田正幸氏参列

同月三十日（金）午前十時三十分～葬儀式に参列した。受付を済ませて境内に入ると、静岡県の松田さん（推進委員）の顔が目に入った。寺院のご住職たちが立ち席で境内に並んでおられたので、松田さんと二人、その先頭に並ばせてもらった。

最後のお別れは、親族の後、一般会葬者にもお花をもらって、棺の大慶さんにお別れの場面も頂いた。本当に安らかなお顔で深い眠りについておられた。まさにご浄土へ召されたのである。

この度の葬儀に際し、故人との関わりの深いお方について、ご遺族はその判断が難しかったとは思うが、るんびに苑グループでのご尽力者、そして、最後の「はなふじ総合ランド」の事業計画に関わっている推進委員の方たちの顔を立てるべきであろうと思わずにはいられなかった。当人が故人となっては致し方のないことか……。

綾部での生活二十余年、喪主の知らない父親の世界である。遠路からお参り頂いた方々が小雨の中に立っておられるのを目にして、せめて関わりの深い方を会場係につけるくらいのご配慮が欲しかったと思った次第である。

葬儀式が終わってから、静岡県の松田さんと近くの藍野病院のレストランで昼食を摂り、藍野病院の送迎バス（無料）でＪＲ摂津富田駅へ向かってもらった。

遠路からのお参りありがとうございました。

◆最少の関係者にＳメールで報告

帰宅してから、平野さん、吉田さん、末本さん、髙橋さん、幡谷さんにＳメールにて、無事に野辺送りが出来たことを報告した。

翌七月一日（土）午前十時過ぎに、水谷先生へ電話する。水谷先生は訃報に「エッ、ほんとですか！」ビックリなされた。「結局は病死なんでしょ。死因は？」

五月に上京された折に面談した時、悲壮感が漂っておられた、この事業は一年や二年で出来るものではない。じっくり構えて取り組むことですよ。その間、事業に参画できる方たちの発掘と人脈つくりが大事である事。国元の行政とのパイプづくりも重要な要素であることなどを話しました。

私は今後のことについて、故人の忌明けの頃に、推進委員会の皆さんの会合を開き「推進委員会」を解散すること。一般社団法人は当分の間、現状維持の組織とする。代表理事は松尾正隆に変更手続きをとります。との考えを水谷先生に進言し、水谷先生も「それがベストですね」と賛同された。そして、今後の活動で必要ある時はいつでも応援するので声掛けをして下さい、と好意的な言葉を下さった。

六月二十九日に郵便振替口座に京都府八幡市の和多田田鶴子・篠田静代・佐藤不二子さんの三名の連名で「御仏前」として五万円の送金があったので、その日に現金五万円を出金してお通夜の受付でお届けさせてもらった。そして、香典返しに葬儀が無事に終わったことの報告をつけて本日、三名の方に郵送処理を済ませた。

後処理と今後のことについて

この度は、六月五日の岡田さんの連絡から始まって、葬儀まで誠に気の重い日々であったが、藤大慶師がご浄土に召されたことで、一つのケジメを付けて次の取組みを考えたいとの思いである。ご遺族との後処理と今後のことについては、しばらく時間をおいてから相談したいと思っている。

後処理の課題として、

（1）施設建設推進委員会の運営について
同年七月三十一日付で解散することを書面で決議した。

（2）著書の頒布協力金と活動支援金を戴いた方々への報告について〜約二百名
松尾よりお手紙にて報告をすることとした。

（3）著書「みんな真っすぐ伸びたがっている」の残著の処理について
①綾部の原田商店に一千冊を預けている。…広島県の次男・玄猷さん引き取りとなった。
②高槻の松尾宅に四百冊が残っている。…西福寺の長男・慶哉さん引き取りとなった。

（4）一般社団法人はなふじ総合ランドについて
当法人は、昨年七月に認証を得て法務局に登記した組織である。代表理事・藤大慶の死去に伴い、死亡届を行い、後任の代表理事は松尾正隆として定款変更をして、同月四日（火）

に福知山法務局へ出向いて手続きをとった。

（2）項について、七月六日、次のようにお手紙にて報告をさせて頂いた。

ご協力を賜った皆様へ訃報を

拝啓

梅雨明け前の局所的な豪雨により水害を被られている地域の皆様には心よりお見舞い申し上げます。その後、皆様にはお障りなくお過ごしのことと存じ上げます。

さて、先般、藤大慶師からの六月十三日気付のお手紙に驚かれ、ご心配をおかけ致しましたこと深くお詫び申し上げます。

藤大慶師は、己の身体のことは己がよく熟知しており、自らの健康寿命を察知されて、去る六月十三日に関わりの皆様にあのようなお手紙をしたためて、郵送をしたあとの十五日に体調異変で地元・綾部市立病院に入院なされました。医師の所見では、大腸がんや肺がんの末期的状態であったとのことでした。入院して僅か十二日目の朝、病室でお亡くなりになられました。医師は「心室細動」による死去との診断でございました。

喪主・長男の藤慶哉氏の寺院「西福寺」（大阪府茨木市）で、六月二十九日に通夜、翌三十日に葬儀が行われ、たくさんの方々に見送られて藤大慶師がお浄土に往生されましたことをここに謹んでご報告申し上げます。

故人が生前に賜りましたご支援ご協力は言葉に尽くせぬものでございます。故人が思い描きました「アショカランド」の構想が実現せぬままとなりましたが、その遺志を何としても実現させて、その思いに応えたいと微力ながら決意を新たにいたしております。

私は、故人とは二十八年間もの永きにわたりコンビを組んで、今日の基盤を作った者にございます。それだけにこの度の死は「悲しみ」よりも「悔しさ」の思いでございました。故人の棺に寄り添い、〝安らかなお姿〟にお別れの言葉を伝えさせて頂きました。

アショカランドが形作られましたら皆様に是非ご案内申し上げたく存じております。皆様のご健勝を心から念じ申し上げます。

まずは取り急ぎ訃報のお知らせとさせて頂きます。

合掌

一般社団法人はなふじ総合ランド　業務執行理事　松尾正隆

令和五年七月六日

追伸　六月十三日気付のお手紙を出された方々が定かでないために、届いておられなかった方には失礼のほどお許し下さい。

「アショカランドの夢」を断念

藤さんは、牧場主や馬主の支援を仰ぐために奔走していた。私は我が国の個人資産家（国税庁が毎年時公表する）のベスト三十人の方を抽出させて頂き、戦後、起業され成功裡に富を築かれた七十〜八十代のご年配十六人の方に書状にてご支援のお願いをした。皆さん数千億円以上の資産家である。

私が勤めたトリシマの経営者は、戦前はバンカーであった。それも台湾銀行から大蔵省（現財務省）へ出向されて、インドネシアのジャワ資金庫長として戦中に陣頭指揮をとられ、終戦時、オランダ国との終戦処理を終えて終戦から二年後の昭和二十二年に引き揚げられた。「公職追放E号」により大蔵省には復帰ならず、昭和二十四年にポンプメーカーの社長として迎えられた方であった。

戦後、倒産寸前にあったトリシマを今日の会社に飛躍発展させた手腕は経済界では高く評価される経営者であった。その社長のひざ元で三十年間お仕えして薫陶を得たのが私であった。

晩年、社長から「ワシは子孫には美田は残さん。ワシの私財を有効に活かせる術を君、考えてくれないか」と。社長曰く「経済行為の究極は寄付行為である」と。

高槻管内でM食品㈱の社長（オーナー経営者）が現役で早逝され、その遺産を財団法人「〇〇記念財団」を設立して、その財団に遺産を寄贈されたことを、交流していた同社の総務部長から聞いていたので、翌朝、社長に「財団法人を作って、社長は九州の佐賀県出身ですから、せめて九州七県の国立大学に、流体力学の研究助成と学生への給付型奨学金制度を作っては如何でしょう」「それはいいな、すぐ具体化してくれないか」「はい、承知しました」こんな問答から「原田記念財団」を設立して、当面、会社の株式所有分（当時の時価約十五億円）の全株式を寄贈された。佐賀県下の高校生（学校長推薦）に月／一万円、九州八県（沖縄県含む）の国立大学院生に月／五万円、大学生に月／三万円、大学の研究助成金として一件あたり二千万円の支援が行われている。

毎期の株式配当金が運用資産となって、今日まで四十四年間継続されているのである。社長は後継社長（長男）に欠損のない堅実経営で毎期、適切に配当ができる経営をするよう命じられた。それが、今、三代目社長の孫に受け継がれている。これが功を成した方の処し方であり、尊敬に値するお方と思っている私である。

ご苦労なさって富を築かれた方に、社会の隅々におかれた「弱き者」を支える施設建設の資金のご協力に一億円でもご協力ご支援を、またご協力と併せて「社会福祉法人アショカランド」の理事長就任もと、藤さんの著書『みんな真っすぐに伸びたがっている』を添えてお願いいたしたのであるが、一ヶ月経っても無視された。私は改めてお手紙を出した。十六名中十三名の方はそれでも無視されたのであった。二名の方からは「他の社会事業を支援しており協力は出来ません」との書面を頂いた。もう一方は秘書から電話にて丁重なお断りを頂戴した。

明治、大正時代、いわゆる戦前の学校教育を受けた者と、戦後の学校教育を受けた者の価値観の違いであろうか。なんとも心寂しい現実を観させてもらったのであった。

私の書簡の一例を掲載する。

◆資産家の代表取締役Y会長様へ宛てた書簡

謹啓　貴台ますますご繁栄のこととお慶び申し上げます。

突然にお手紙を差し上げますことお許し下さい。

私は、一般社団法人はなふじ総合ランドの業務執行理事・松尾正隆（昭和十八年生・佐賀県出身）と申します。

Y会長様は一代で今日の会社を創り上げられ、昨年、総合通販会社設立準備室を設立されていることも知りました。また、戦時下の日本統治下の朝鮮で出生、戦後、引き揚げられて佐賀県唐津市で学業期を過ごされたことも知りました。私も一九四三年満州国（昭和四年に祖父の代に渡満、新京にて街路樹の苗木栽培・七十町歩の農場経営で成功、資産を残した）に生まれ、現地召集を受けた父と生き別れのまま、終戦の翌々年の二十二年十月に故郷佐賀県伊万里市に引き揚げたのでした。Y会長様と同様に物が無い時代に学業期を過ごし、私は伊万里商高を卒業して、ポンプメーカーの㈱西島製作所（大阪府高槻市）に入社し、入社以来、人事畑で主任、係長、課長を経て能力開発課長、全社的品質管理のTQC推進室長を歴任して、平成三年、四十八歳の時自立、経営コンサルタントとして「トータルマネジメントコンサルティング社」(TMC社)を設立、今日に至っております。

私は、明治生まれの気骨の社長に薫陶を得まして「価値ある人間・五つの条件」の五つ目〝世のため人のために尽くせ〟を終生心して邁進いたし、一つは関西佐賀県人会の役員として、二十六年間、最後の八年間は専務理事として会員二千人のお世話をいたし、一昨年設立七〇周年の記念誌『関西の地で支え合った七〇年』(A4判フルカラー・百七十頁)を編纂、出版いたしました。

そして、いま一つは、藤大慶師(浄土真宗本願寺派の僧侶)が発願の青少年の蘇りの村「るんびに苑」づくりのサポートとして六つの組織の事務局長を二十八年間尽力し、昨年の三月末をもって退任させてもらいました。

特に苦労しましたのは、二〇年前の平成十四年(2002)五月に「社会福祉法人るんびに苑」(理事長・藤大慶)を設立、認可を得て、児童心理治療施設「るんびに学園」を運営いたして、今日の基盤を作ったことでした。

当時は中高生の問題行動が多発し、厚生省(当時)が各都道府県に最低一施設の「情緒障害児短期治療施設(現・児童心理治療施設)の設置を督励していることを知りました。当時の綾部市長・四方八洲男氏の協力を得て、翌十五(2003)年六月、同市十倉中町に京都府下唯一の児童心理治療施設「るんびに学園」(学校教育の分教室併設)を開園、今日に至っております。

顧みますと、資金のない藤大慶師と私は、京都府の窓口での法人認可の手続き、建設資金の工面に奔走。総事業費四億五千万円（約四十％は募財資金）を投じて現在の施設が完成したのであります。爾来、二〇年間、職員・教員の並々ならぬ努力によって、虐待や発達障害で苦しんでいた子ども達（小中学生）が本来の輝きを取り戻しております。全国四十八ヶ所の施設の中でも高い評価を頂き、平成二十九年（２０１７）には、天皇陛下より『御下賜金』（金一封）を賜りました。

しかし、問題を抱えている子ども達は、義務教育を終えても自立出来ません。そこで、かねてよりの念願であった総合的な複合施設《皆が支え合って生きる村「はなふじ総合ランド」》の創設基本計画概要書を策定致し、一般社団法人「はなふじ総合ランド」（代表理事・藤大慶）の設立・認証を得ました。この事業計画は、精神障害で引きこもる成人・自立を願う保護観察者・ブラック企業に翻弄されている青年・身寄りのない高齢者・悲惨な処遇を受けている外国人技能実習生等々の支援だけでなく、過疎化が進む田舎の再活性化も願うものであります。全国でも稀な、真に「皆が支え合って生きる村」の実現であり、綾部市では画期的な大事業であります。

綾部市で「るんびに学園」の十倉中町から「あやべ温泉」睦寄町の奥上林地区は過疎化が進んでおり、新たに設立する社会福祉法人「アショカランド」の自立支援施設の入所者が働ける場として株式会社（果樹園・野菜園・水耕栽培の米、麦の生産・製材所・木工所・食品加工工場・皮革加工工場・レストラン・浴場・ふじ棚公園・ビオトープ・ｅｔｃ）の事業展開をも巻き込んだ、真の「皆が支え合って生きる村」の創出を目指す事業でございます。また、都市部からＵターン者や移住者用および職員の住宅建設も必要になります。

私たちが長年取り組んで参りました情緒不安定な者、発達障害を持つ者などが不登校あるいは不就労のまま引きこもっている若者が推定百万人と言われております。

ご成功なされたＹ会長様に、このような社会福祉事業にもご理解とご支援を賜り、一般社団法人はなふじ総合ランドの理事長（運営は実務経験豊富なスタッフを抱えていますので会長様にはご負担はおかけいたしません。）にご就任して頂き、資金の投入をご配慮願えないものか思案の末、直接ご面談の機会を得ることが叶いませんのでお手紙を差し上げました次第にございます。何卒、改めてご面談の機会を作って頂けましたら幸甚に存じます。

Ｙ会長様のご都合の日時をご指示下されば伺わせて頂きます。下記の電話またはＥメールにてご連絡いただけたら有難いです。

追伸　私の自叙伝「昭和・平成・令和の時代を生きて」（第１巻）の抜粋とこの度、藤大慶師の自著『みんな真っすぐ伸びたがっている』を活動資金捻出の目的で出版いたしました。ご笑読頂けたら幸甚です。

令和五年八月十日

一般社団法人はなふじ総合ランド　代表理事　松尾正隆

◆無視された資産家のY会長様へ宛てた再度の書簡

前略

去る八月十日にお手紙を差し上げましたが、無視されたままで功をなされた会長様のご対応には、尊敬に値しないお方かと愕然といたしております。

「価値ある人間」として五つの条件、①心身共に健康であること。②職業人としてプロになること。③そのために努力の習性を身につけること。④最低限、他人様に迷惑をかけないこと。⑤自分を整えたら、整えた範囲内で世のため・人のために尽くすこと。

これはポンプメーカーの㈱西島製作所に入社して、明治生まれの気骨の経営者・原田龍平社長（佐賀県藤津郡出身）に教えられました。そして薫陶を得まして終生心して邁進いたしております私にとって、財をなされた方が社会の隅々に目を向けられない方は存在価値を認め難い思いでございます。

藤大慶師の自著『みんな真っすぐ伸びたがっている』を活動資金捻出の目的で出版いたしましたと追伸に添えて著書をお送りいたしましたが、この著書の制作費・四百六十万円を賄うために、藤師と私は必死になって工面して出版したものです。せめて、著書には挟みこんでいます「払込取扱票」でご協力金だけでも協力頂けたら〝佐賀県人〟としての心が通じあったのではないかと、忸怩たる思いをいたしております。

この十数年の間に凶悪な殺人事件が頻発しましたが、これは私たちが長年取り組んで参りました情緒不安定な者、発達障害を持つ成人者の犯罪であります。外見は人間の顔形をしておりますが、内面は理性を持たない人たちです。このような人たちが不登校あるいは不就労のまま引きこもっている若者が年々増加して推定百万人と言われております。

日本全国の隅々まで大きなことはできません。せめて自分が住んでいる範囲で一人でも社会適応のできる人になってもらえるような支援ができればと念じながら邁進いたしております。

はなふじ総合ランド構想の具現化に奔走している私にとって、心を受け止めてもらえなかった悔しさを再度したためさせていただいた事ご容赦下さい。

草々

令和五年九月二十八日

一般社団法人はなふじ総合ランド　代表理事　松尾正隆

藤大慶の「心と魂」が大きな遺産

私はお一人くらい、藤大慶の夢、アショカランドの夢実現にご協力者が登場して頂けるのでは、と念願しながら東奔西走したが、そのご縁は生まれなかった。金のない者にはロマンが描けても、金のある者にはこのロマンは描くことは出来ないのであろう。

遺産相続で国に税金を納税しても何に使われたのかは判らない。今の国政の議員様の有り様から判るように、如何にして国民の税金から掠め取るか、誠に悲しい限りである。

藤さんの生き方は、私を捨てて全てを青少年のよみがえりの村のために生涯をかけて尽くされた。藤家には財産として「心と魂」が大きな遺産として遺されたのである。まさに「心の超人・藤大慶」であった。私も残された余生を「藤大慶の想い」を後世に伝え残すことが、二十八年間行動を共にした者の務めと思っている。

二〇二三年の年末をもって「アショカランドの夢」実現を私には果たせ得ない。藤さんには大変申し訳ないが、断念の決意をさせてもらった。この夢は、いつの日か、同じ想いをもつ人に託して、本著「アショカランド夢のつづき」を上梓してエンディングとさせて頂くこととした。長い間、直接・間接に関わって頂いた皆様方に深く感謝の意を申し上げてペンを置くこととする。

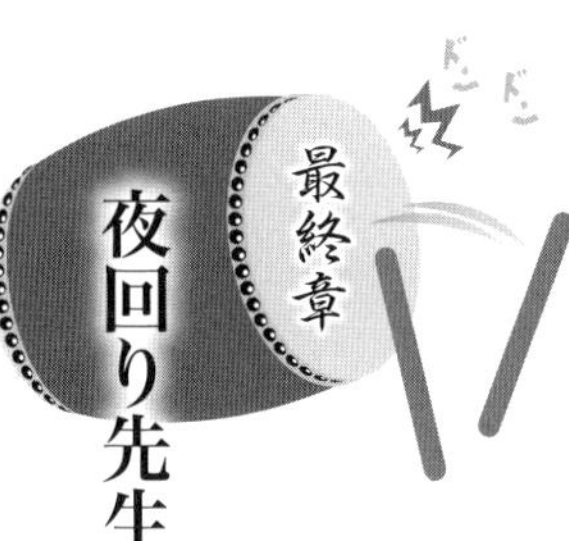

最終章　夜回り先生こと水谷修先生とのご縁

藤さんが初めて水谷先生に出会ったのは、二〇〇六年春の一本の電話であった。そして、その年十月二十一日、水谷先生を綾部市の中丹文化会館ホールに講演の講師として迎えたのである。そのあと水谷先生は、学園の施設をくまなく視察され、「綾部の山間にある素晴らしい施設でした」と感嘆された。

翌年の八月には、元プロボクサーの赤井英和さんらを伴って学園に来園、子ども達とサッカーを、そのあと串カツを食べての感動を与えて下さったのである。

このご縁で、大阪市内、京都市内で開催の「子育て講演会」にも講演頂いた。

藤さんの著書『みんな真っすぐ伸びたがっている』（二〇二二年）に推薦文をいただき、その翌年一月八日、出版記念講演会にも登壇頂いた。そのあとの懇親会にも時間を頂き、関係者の面々との語らいも忘れ難い出会いであった。

夜回り先生サイン会

藤さんの限りない優しさに感動〜藤大慶師の想い出

夜回り先生　水　谷　修

私が、初めて藤大慶師と出会ったのは、二〇〇六年春の一本の電話でした。珍しく事務所にいたところ、電話が鳴りました。私がその電話を取ると「浄土真宗僧侶の藤大慶と申します。私は、京都の綾部で「るんびに学園」という、親を失った子どもたちやいろいろな事情で家庭で親と暮らすことのできない子どもたちのための児童心理治療施設を運営しております。実は、お願いなのですが、当学園で、綾部市民の方々への教育講演会を行いたいと考えております。ぜひ、「夜回り先生」こと水谷先生に講師としてきていただきたいのです」という優しい声が聞こえました。私は、喜んでお引き受けいたしました。

講演会は、同年十月二十一日でした。会場には、たくさんの市民の方々が来てくださり、学園の子どもたちの「るんびに太鼓」の演奏の後、こころを込めてお話しさせていただきました。そのあとは、藤さんに、るんびに学園を案内してもらいました。自然に囲まれた、綾部の山間にある素晴らしい施設でした。私は、仕事柄全国の数多くの児童自立支援施設を回っていますが、食堂、講堂、宿泊施設どれも他の施設とは違い、子どもたちへの優しい配慮に満ちたものでした。なにより、施設に戻るやいなや、藤さんの元に集まり、目を輝かせながら藤さんに甘える子どもたちの姿、その子どもたちへの藤さんの限りない優しさに感動しました。

その後、応接室で藤さんと二人でお話ししたのですが、藤さんが哀しい顔であることを話してくれました。「水谷先生、先ほどプレハブで三つの教室と職員室を作った、小学校と中学校の分校をご案内しましたね。本来ならうちの子どもたちは、綾部市内の小学校や中学校にここから通うはずでした。しかし、一部の方々からのこころない反対で、このような形で不自由な教育を受けざるを得ないのです。分校の先生たちは、このような環境の中でも必死に頑張ってくれていま す。市長も、何とか理解を得ようと頑張ってくれています。そのような市民の方々に、ここの子どもたちのことをもっと知ってもらいたい。そんな思いで、今日は市民講演会を実施しました」

藤さんの哀しみ、苦しみの理由がよくわかりました。それまで、社会の中で差別などで苦しんできた子どもたちが、また、ここで差別を受けていることに怒りすら感じました。

次に、藤さんとお会いしたのは、翌年二〇〇七年六月です。私は、当時「大阪朝日放送」で夕方の報道番組に出演しておりました。その番組内で、「るんびに学園」を紹介し、綾部だけではなく多くの関西の人たちに、児童心理治療施設の本当の姿を知っていただき、理解と支援を求めるための番組の撮影のためでした。

私が、番組リポーターの「浪速のロッキー」こと赤井英和さんと学園の入り口に立つと、二人の中学生が話をしていました。一人の子が、もう一人の子に「おまえな、一杯母ちゃんに甘えてくるんだぞ。一杯旨いもの食わしてもらうんだぞ」と優しい声をかけていました。そこにタクシーが着き、一人の女性が、玄関に一人の子を迎えに来ました。そして、藤さんに挨拶をしたあと、またタクシーで去っていきました。それを見送った少年は、目に涙をたくさん浮かべ、宿舎へと走って去っていきました。心配した藤さんが、その少年を追っていきました。私と、赤井さんもその後を追いました。ベッドで布団をかぶり、泣き続ける少年に、藤さんは、優しく声をかけていました「偉かったね。おまえを一人置いて家には帰らないと言っていた彼を、優しく支えお母さんの元に返してあげた。本当に偉かったね」藤さんは、優しいことばをかけ続けました。

後で聞きました。学園には、夏休みなど長期の休みの間に、一時帰宅と言って、家族の元に帰ることのできる子どもがいること。しかし、多くの子どもたちは、それができず、長い休みをこの学園で過ごし続けなくてはならないこと。その帰り道、私と赤井君は、ある計画を立てました。

その年の八月十二日、私と赤井君、そして「一門会」という赤井君の近畿大学時代のボクシング部の後輩たち約二十名は、バスで学園に向かいました。到着後は、学園の子どもたちとのサッカー大会、大人と子どもたちが入り交じっての激しいサッカーでした。終わった後は、みんなでシャワーを浴び、食堂で、赤井君の友人「二度漬け禁止串カツダルマ」の揚げたての串カツを「おかわり自由」で食べ尽くしました。子どもたちと藤さん、学園の職員の方々の笑顔に癒やされました。それからずっと、私は、藤さんと連絡を取りながら、学園を守るために動いてきました。

そんな私の元に、藤さんから緊急の電話が来たのは、二〇二二年十一月一日でした。電話口からは、藤さんの必死の思いが溢れていました。「水谷先生、実は、児童心理治療施設卒園者の現況調査を行いました。先生、二割近い卒園生が自らいのちを絶っています。また、数多くの行き先不明者もいます。私たちは、今まで何をしてきたのでしょうか。小学校一年生からの、帰る場所のない子どもたちをお預かりし育て、自立の援助をしてきました。しかし、これだけで良かったのでしょうか。本来なら子どもたちには、大人になっても苦しいとき帰る家がある。故郷がある。でも、施設を巣立った子どもたちには、帰る家もなく故郷もないのです。私は、綾部に日本中の施設を巣立った子どもたちが、いつでも自分の故郷として、家として戻ることのできる「アショカランド」という施設を作ろうと考えています。ぜひ、協力してください」熱く語られました。私は、喜んで支援をお引き受けしました。

藤さんからすぐに「アショカランド」の構想の資料を送っていただいたのですが、その壮大な計画に圧倒されました。私の仲間たちや関係する政治家、専門家たちと話し合ったのですが、この実現と運営には、少なくても三十億円は必要だという試算になりました。また、藤さんからの依頼で、政治家や実業家たちとの出会いもセットしました。その間にも気になったことがあります。それは、藤さんがとても焦っていらしたことです。ご高齢と言うこともあり、何とか、一日も早く実現したいという鬼気とした思いで満ちていました。電話や手紙のやりとりの中で、藤さんや私の代で実現することは、とても困難だと考えていると何度もお伝えしました。しかし、藤さんの今苦しんでいる、今死に向かおうとする子どもたちを一人でも多く救うためにという思いは、こころから理解できました。

藤さんと最後にお会いしたのは、二〇二三年一月八日、京都西本願寺聞法会館での、藤さんのご著書の発刊記念講演会でした。藤さん、奥さま、ご子息とお会いし、今後のことを話し合いました。藤さんの、高齢にもかかわらずお元気な姿に安堵した覚えがあります。

その後も、月に一度は、手紙や電話のやりとりをいたしました。常に、藤さんのアショカランドにかける熱い思いと焦りを感じ、自分の力のなさと、それでも何とか藤さんの思いを実現しなければという思いの狭間で、なんとかしなければと動き続けてきました。

そのような中、藤さんの訃報が届きました。悲しい悲しい訃報でした。

最後に、お釈迦様のお側におられる藤大慶師に一言書かせていただきます。

藤さん、あなたは、私にとって、あなたと関わったすべての人にとって、なにより、あなたが育てた子どもたちにとって、菩薩様でした。苦しんでいる子どもたちを一人でも多く救いたい、共に生きたい。その藤さんの生き方は、「菩薩業」そのものでした。

藤さん、あなたは、今もこれからも、私たちの中で生き続けています。あなたの思いは決して消えることはありません。どうぞ、お釈迦様の側から、私たちを見守り続けてください。私たちは、完全な存在ではありません。小さな力しかないかもしれません。でも、藤さんが与えてくれた思いは、必ず実現させせます。

エピローグ
苦楽を共にした長かった道のり

この三年間にわたり、資金作りに奔走したものの大口の篤志家とのご縁も実らず、一方大口の産業育成資金の受託者とのご面談の機会すら得られず、二〇二三年（令和五）の年末に『アショカランドの夢』実現は断念の決断を致した。故藤大慶師に誠に相済まぬ思いの断念であった。

私には、藤大慶師の夢実現は叶わなかったが、せめて、その「真ごころ」を後世に語り継ぐ責務が私に課せられた最後大仕事であると、心新たに、本年（令和六）の正月に著書『アショカランド夢のつづき』を出版する決意をいたし、企画書を作った。そして、前回、藤大慶著『みんな真っすぐ伸びたがっている』の出版サポートをして頂いた、有限会社あうん社の平野智照氏に協力を求めた。

平野氏は快くサポート役を引き受けて下さった。

この度は、出版の目的を「故藤大慶を偲ぶという過去形ではなく、藤大慶の遺志を伝えるという未来形の著書を刊行する」としたのである。よって、表題は『アショカランド夢のつづき』〜心の超人・藤大慶の想いを伝えるとさせて頂いた。

さて、二十八年前の出会いの場面から「はなふじ総合ランド」の基本構想を描くまでは永い年月である。幸い、私は〝記録魔人〟と言われるほど、業務ノート（A４判）に一日一頁、多い時は二頁にわたり、その日の記録を克明に書き残してきた。手帳が六十数冊と業務ノートが二百余冊ほどの量である。

まずは、大きく六本の柱建て（第一章から六章まで）をして、時系列に書き始めた。書き出すと走馬灯の如く、その時、その時の情景が克明に浮かび上がってくる。藤さんとのコンビの行動からは、「喜怒哀楽」の場面が鮮明に蘇ってくる。嬉しかった時、喜びの時は二人で喜び合い、怒る時は二人で怒り合い、悲しい時二人で悲しみ、楽しい時は二人で楽しみ、共に共有化できたことは大きな糧であった。

苦しい思いも何度経験したことか。でも蘇るのはうまくいった時の方が多い。それは、苦難の壁を二人で打ち破ったからにほかならないからであろう。いまなお出現するのは、あの〝藤さんスマイル〟である。

「るんびに村」から〈はなふじ総合ランド〉の中の「アショカランドの夢」実現へ向けて、資金力のない二人が、人一倍の知恵を絞って挑戦し続けた二十八年間であった。例えるなら、藤さんは「ブルドーザー」である。いざ、思いついたら猪突猛進に突っ込んでゆく姿は勇ましい限りであった。が、そのあと、整地してゆくのが松尾の役割。慎重に波風立たぬように整えてゆくのであった。

私は、品質管理のセミナーで、南極観測第一次越冬隊長をなさった西堀榮三郎先生の講義を聴いた時、「石橋を叩いて渡るという格言があるが、今節では石橋を叩いておったら永久に渡れん。スピードの速いの世の中では、まず渡るか渡らんのかの決心をすることだ。渡ると決心したらそのあと、どうやって渡るかの手段を考えよ。そして、実行段階でも予期せんことが起こる。そんな時は、臨機応変の処置を取れ」と教えられた。まさに藤さんの行動がそれであった。

私が藤さんにいつも語ったことは、「有言実行」「熟慮断行」「良果善因」「細心大胆」などの実践例を話したことである。これは、トリシマ時代の原田社長の教訓であった。人間は過ちを犯すものだ。その過ちを起こさないためには、自らが行動する前に「仏様はどう思うか。神様はどう思うか。を問いただして行動せよ」と。その心構えがあれば大成すること間違いがない、と悟らされた。これは私の人生で実証できたと思っている。

人間優先主義より経済優先主義の日本、その歩みの中から生じた「強き者と弱き者」の格差社会。その歪みを何とかせねば、と一途に取組まれた藤さんの「青少年よみがえりの村」づくりであったが、これは応急処置に過ぎない。根本の要因を炙り出した是正処置、すなわち、恒久対策が私たちの手に届かない、政治・行政の範疇にある。これが「強き者」の視点でしか世の中を観ないために、税金のムダ遣いに終わってしまい、根本の問題解決に手を出す者が出ないのが今の国情であると思う。「弱き者」の代弁者が一人では〝太刀打ちできっこない〟のであった。

藤さんのような心の人間が政治家に出現してくれることを望んで止まない。私利私欲の議員ばかりで、いまこそ、選挙民が活眼しなければ日本国の将来はなくなると危惧するのは私だけであろうか。

ともあれ、昭和・平成・令和の時代を歩んできた私と藤さんにとって、沢山の方々に支えられて「るんびに苑」を形作れたのであり、その皆様方には共鳴・共感を頂いたけれど、肝心の「強き者」の皆さんに振り向いてもらえなかったことは誠に残念無念であった。

なお、本著は追悼集ではなく、私と藤さんとの行動を共にしての「藤大慶の想い」を松尾の視点で真実を書かせて頂いたので、ご遺族の聖子夫人には相談もせずに、ご協力も求めなかったことを申し添える。

本著が一人でも多くの方の手に届くことを念願して完結の言葉に代えさせて頂き、感謝・感謝の気持ちをお伝えさせて頂いた次第である。

松　尾　正　隆（まつお　まさたか）
昭和18年（1943）７月９日　旧満州国新京市に生まれる
昭和22年（1947）佐賀県伊万里市に引き揚げる
昭和37年（1962）佐賀県立伊万里商業高等学校卒業
昭和37年（1962）株式会社西島製作所入社、人事課長、能力開発課長、
ＴＱＣ（現ＴＱＭ）推進室長を歴任
平成３年（1991）トータルマネジメントコンサルティング社を設立、
代表（経営コンサルタント）現在に至る
平成７年（1995）藤大慶師と出会い、るんびに苑グループの事務局長、
令和４年３月解散
平成14年（2002）社会福祉法人るんびに苑理事、令和４年７月退任
平成15年（2003）ＮＰＯ法人設立、常務理事→副理事長、
令和４年３月解散
令和４年（2022）一般社団法人はなふじ総合ランド設立、業務執行理事就任
令和５年（2023）６月代表理事藤大慶死去に伴い、同年７月松尾正隆が代表理事に就任

手のひらの宇宙ＢＯＯＫｓ®第43号
アショカランド夢のつづき
―― 心の超人・藤大慶の想いを伝える

2024年７月21日　初版１刷

著　　者　松尾　正隆
発 行 者　平野　智照
発 行 所　㈲あうん社
〒669-4124 丹波市春日町野上野21
TEL/FAX（0795）70-323
URL http://ahumsha.com
Email : ahum@peace.ocn.ne.jp

製作 ● ㈱丹波新聞社
装丁 ● クリエイティブ・コンセプト
印刷・製本所 ● ㈱遊文舎

ISBN978-4-908115-43-1　C0095
＊定価はカバーに表示しています。